麦读
MyRead

侯　猛

中国人民大学法学院教授、博士生导师，法律与社会跨学科研究中心主任。出版有《中国最高人民法院研究——以司法的影响力切入》（法律出版社，2007）、《法学研究的格局流变》（法律出版社，2017）、《法律与人类学：中国读本》（合编，北京大学出版社，2008）、《法学的 11 种可能：中国法学名家对话录》（合编，中国民主法制出版社，2020）。

PROCESS

THE PROCESS OF JUSTICE

Based on the Survey of
the Supreme People's Court

司法的运作过程

基于对最高人民法院的观察

侯猛 著

中国法制出版社
CHINA LEGAL PUBLISHING HOUSE

图书在版编目（CIP）数据

司法的运作过程：基于对最高人民法院的观察/侯猛著．—北京：中国法制出版社，2021．1

ISBN 978－7－5216－0788－8

Ⅰ．①司…　Ⅱ．①侯…　Ⅲ．①最高法院－研究－中国　Ⅳ．①D926．214

中国版本图书馆CIP数据核字（2020）第002371号

策划人　曾　健　　责任编辑　靳晓婷　　封面设计　宋　涛

司法的运作过程：基于对最高人民法院的观察

SIFA DE YUNZUO GUOCHENG：JIYU DUI ZUIGAO RENMIN FAYUAN DE GUANCHA

著者/侯猛

经销/新华书店

印刷/三河市紫恒印装有限公司

开本/880毫米×1230毫米　32开　　印张/7．75　字数/180千

版次/2021年1月第1版　　2021年1月第1次印刷

中国法制出版社出版

书号 ISBN 978－7－5216－0788－8　　定价：59．00元

北京西单横二条2号

邮政编码：100031　　传真：010－66031119

网址：http：//www. zgfzs. com　　**编辑部电话：010－66034242**

市场营销部电话：010－66033393　　**邮购部电话：010－66033288**

（如有印装质量问题，请与本社印务部联系调换。电话：010－66032926）

目　录

引　言

坊间有关美国联邦最高法院的译著不少，而且颇为畅销。这不仅得益于译者之功，更是因为法院自身具有制度魅力和巨大的影响力。相比之下，有关中国最高人民法院的研究就很少。[①] 其主因可能是在过去相当长的时间，最高人民法院影响力不够；或者教条地认为，中国是制定法传统的国家，最高人民法院在裁判案件时只是在适用法律而不能创制规则。因此，法院的裁判结果只能约束双方当事人，而没有普遍的约束力。

现实早就不一样了！最高人民法院不仅具有强大的司法影响力，也有广泛的社会影响力。

最高人民法院的司法影响力，主要是通过裁判案件、制定司法解释和其他规范性文件来呈现。司法解释所创制的裁判规则，对各级法院的裁判活动具有普遍约束力。最高人民法院所

---

① 除了笔者的博士学位论文《中国最高法院规制经济的功能》（北京大学法学院2004年）、专著《中国最高人民法院研究》（法律出版社2007年版）以外，相关著作还有左卫民等：《最高法院研究》（法律出版社2004年版）；纪诚：《最高人民法院司法解释：一个初步的考察》（中国政法大学出版社2007年版）；张友连：《最高人民法院公共政策创制功能研究》（法律出版社2010年版）。此外，还有一些论文。当然，有关最高人民法院具体的司法解释、判决等的研究是非常多的。

裁判的部分案件、所发布的指导性案例也创制了新的裁判规则。这些裁判规则是对既有的法律或司法解释进行新的解释，对各级法院的裁判活动也有普遍约束力。简言之，最高人民法院对诉讼过程和法院系统的整个审判活动都有巨大的司法影响力。

另外，自经济转型至市场经济体制确立以来，最高人民法院对社会经济生活的影响也越来越大。最高人民法院经由司法解释和判决等行为，不仅影响诉讼过程中的当事人，还影响未进入诉讼过程的相关利益群体、相关市场的变化。

例如，2004 年 4 月 1 日施行的《最高人民法院关于适用〈中华人民共和国婚姻法〉若干问题的解释（二）》（以下简称《婚姻法解释（二）》），其第二十四条所产生的社会影响相当广泛。[①] 该条的核心内容是“债权人就婚姻关系存续期间夫妻一方以个人名义所负债务主张权利的，应当按夫妻共同债务处理”。虽然这一条在学理上不存在问题，但在现实中却有由夫妻一方通过高利贷、赌博、非法集资、非法经营、吸毒等违法犯罪行为所形成的债务纠纷。法院往往据此以夫妻共同债务名义，判决由不知情一方——配偶承担。这样就产生了大量新的社会问题。[②]

实际上，除了《婚姻法解释（二）》以外，能够影响社会经济生活的司法解释和判决数量越来越多，影响也越来越大。这表明，最高人民法院的影响力已经超出了法院系统，具有广泛的社会影响力。

---

① 参见叶名怡：《〈婚姻法解释（二）〉第 24 条废除论——基于相关统计数据的实证分析》，载《法学》2017 年第 6 期。

② 为此，2017 年 2 月 28 日，最高人民法院发布《关于适用〈中华人民共和国婚姻法〉若干问题的解释（二）的补充规定》。其中在第二十四条基础上增加两款，即“夫妻一方与第三人串通，虚构债务，第三人主张权利的，人民法院不予支持”和“夫妻一方在从事赌博、吸毒等违法犯罪活动中所负债务，第三人主张权利的，人民法院不予支持”。同日，最高人民法院还发布了《关于依法妥善审理涉及夫妻债务案件有关问题的通知》。

自新中国成立以来，最高人民法院的宪法地位基本未变。1954年宪法规定：“最高人民法院是最高审判机关。最高人民法院监督地方各级人民法院和专门人民法院的审判工作。”“最高人民法院对全国人民代表大会负责并报告工作；在全国人民代表大会闭会期间，对全国人民代表大会常务委员会负责并报告工作。”现行宪法的相关规定也大体上延续了1954年宪法的规定。①

同时，1949年以来的整个法院体制是在中国共产党的领导下建立起来的。中共中央在最高人民法院设立了党组，最高人民法院党组就重大事项应当向党中央请示报告。作为党中央领导和管理政法工作的职能部门，中央政法委员会具体负责指导与协调最高人民法院相关工作。②

例如，2019年年初，针对网上反映“千亿矿权案”卷宗丢失等问题，中央政法委牵头，中央纪委国家监委、最高人民检察院、公安部参加，成立联合调查组依法依纪开展调查，最后得以圆满解决。③ 郑天翔早在20世纪80年代就讲过：“经验证明，由政法委牵头组织联合调查组，或由公、检、法联合组织调查组，对一些重大问题、重要情况进行调查，能更好地集思广益，更有利于统一思想，更有利于使问题得到解决。”④ 可以说，坚持党对最高人民法院的领导，始终是法院工作的根本指南。

---

① 现行宪法的表述是：“最高人民法院对全国人民代表大会和全国人民代表大会常务委员会负责。”与1954年宪法的表述相比，主要删去了“在全国人民代表大会闭会期间”和“报告工作”两处。

② 参见《中国共产党政法工作条例》《中国共产党党组工作条例》《中国共产党重大事项请示报告条例》。

③ 《中央政法委牵头的联合调查组公布的“凯奇莱案”卷宗丢失等问题调查结果》，载《人民日报》2019年2月23日，第7版。

④ 郑天翔：《在全国法院院长座谈会上的谈话》（一九八四年七月二十七日），载《郑天翔司法文存》，人民法院出版社2012年版，第121页。

在变与不变之间，最高人民法院也因势调整自己的角色和职能，推进司法改革。1998 年 7 月 6 日，最高人民法院发布《关于民事经济审判方式改革问题的若干规定》；自 1999 年开始，每五年发布《人民法院五年改革纲要》；自 2007 年 1 月 1 日起，最高人民法院统一行使死刑案件复核权。这让最高人民法院在很多争议案件中成为舆论关注的焦点。其中有代表性的争议案件包括邱兴华案、杨佳案、药家鑫案、李昌奎案等。近年来，最高人民法院又加速推进平反冤假错案工作，自行或指令下级法院纠正呼格吉勒图案、陈满案、聂树斌案、收购玉米案，等等。在这样不断变化的情势中，通过制度和改革，最高人民法院不仅努力维护法院权威，同时也试图以此提升法院的公信力。

更进一步，经党中央批准，自 2015 年 1 月开始，最高人民法院在全国六个中心城市相继挂牌成立了巡回法庭。按照《中共中央关于全面推进依法治国若干重大问题的决定》，最高人民法院巡回法庭的功能定位是“审理跨行政区域重大行政和民商事案件”。目前最高人民法院本部大部分二审的行政、民商案件，已经依照巡回区属地原则分流到各个巡回法庭审理。此外，2018 年 6 月，最高人民法院的两个国际商事法庭分别在深圳和西安挂牌成立；2019 年 1 月，最高人民法院知识产权法庭也在北京挂牌成立。这些机构的设立，不仅意味着最高人民法院本部与各法庭之间新型关系的建立，同时也在改变甚至重塑最高人民法院与下级法院之间的关系。

从地理空间分布来看，最高人民法院的办公区从 2015 年本部的三个拓展为现在的十个；除了北京以外，还分布在沈阳、深圳、郑州、南京、西安和重庆六个中心城市。本部的三个办公区分别坐落于东交民巷、崇文门花市大街和靠近南四环的红寺村。法院内部俗称一区、二区和三区。① 二区和三区分别是刑事审判和申诉信访等机构的办公场所。其他主要的内设机构包括院长、副院长的办公场所则集中在一区。

一区是在晚清时期的俄国公使馆遗址上建立起来的。如今公使馆遗存下来的欧式大门，以及门前两尊石狮子（狻猊），已经成为最高人民法院的重要建筑标识。那两尊石狮子并非公使馆的遗物，而是从晚清大理院旧址（即原司法部街 72 号）搬移过来的。晚清大理院旧址也是欧式建筑风格，民国时期曾作为北平地方法院的驻地。1949 年 3 月，由北平市人民法院接管。北平市人民法院受北平市人民政府和华北人民法院的双重领导。1949 年 11 月，最高人民法院在华北人民法院的基础上成立，并在晚清大理寺旧址办公。同时在此办公的，还有最高人民检察院、司法部、政务院法制委员会等机关。

最高人民法院成立时，首任院长是沈钧儒。沈钧儒是民国时期的知名律师，也是民主党派的领导人。1954 年 9 月，第一届全国人民代表大会第一次会议召开，沈钧儒转任全国人大常委会副委员长，最高人民法院院长则由董必武担任。董必武同时也是中共中央政治局委员，此前担任政务院副总理、政治法律委员会主任，在党内与彭真、罗瑞卿共同负责政法工作。②1959 年 9 月，董必武担任国家副主席，谢觉哉接任最高人民法院院长。谢觉哉也是党内熟悉法律事务的领导人，曾任陕甘宁边区高等法院院长、华北人民政府司法部部长、政务院内务部

① 最高人民法院知识产权法庭的办公地址，在北京市丰台区汽车博物馆东路 2 号院 3 号楼。这里同时也是北京互联网法院的办公地址。

② 参见《中共中央印发关于加强中央人民政府系统各部门向中央请示报告制度及加强中央对于政府工作领导的决定（草案）的通知》（一九五三年三月十日），载中央档案馆、中共中央文献研究室编:《中共中央文件选集（一九四九年十月——一九六六年五月）（第 11 册）》，人民出版社 2013 年版，第 293 页。

部长等职务。1965 年 1 月，杨秀峰接任最高人民法院院长。杨秀峰曾任华北人民政府副主席，协助主席董必武主持日常政务。“文化大革命”结束后，他还担任过全国人大法制委员会副主任等职务。

在“文化大革命”期间，最高人民法院一度被军事管制。1973 年 7 月，中共中央批准撤销军事管制，成立最高人民法院临时领导小组。1975 年 1 月，江华接任最高人民法院院长。[①] 江华是红军时期在毛泽东直接领导下的军队政治工作领导人。1949 年以后，曾任浙江省委第一书记。1983 年 6 月，郑天翔接任最高人民法院院长。郑天翔曾长期担任彭真主政北京市委时期的书记处书记、副书记。值得一提的是，正是在他任院长期间，完成了现在一区最高人民法院的主楼建设。[②] 1988 年 4 月，任建新接任最高人民法院院长。任建新此前曾在华北人民政府、政务院政治法律委员会、国务院法制局等部门任职，直至担任最高人民法院副院长。1992 年至 1997 年，他同时又担任中央书记处书记、中央政法委书记等职务。他的主要办公地点是在中南海。

1998 年 3 月，肖扬接任最高人民法院院长。肖扬早年在广东省检察院工作期间，因成立全国第一个反贪污贿赂工作局而知名。他后来担任最高人民检察院副检察长、司法部部长。他在任院长期间，全面推动法院的司法改革，制定了第一个《人民法院五年改革纲要》。2008 年 3 月，王胜俊接任最高人民法院院长。王胜俊曾任安徽省委政法委书记、公安厅厅长，后任中

---

① 参见何兰阶、鲁明健主编：《当代中国的审判工作》，当代中国出版社 1993 年版，第 623—626 页。

② 郑天翔：《关于最高人民法院办公楼建设问题给北京市主要领导同志的信》（一九八三年十二月三日），载《郑天翔司法文存》，人民法院出版社 2012 年版，第 88—89 页。

央政法委副秘书长、秘书长。他在任院长期间，贯彻中央所提出的“三个至上”即“党的事业至上、人民利益至上、宪法法律至上”思想，[①] 以此来指导法院的日常工作和司法改革。[②] 2012 年 3 月，他转任全国人大常委会副委员长。

2012 年 3 月，周强接任最高人民法院院长。周强早年曾在司法部任职十年，与肖扬院长有过工作交集，先后调任共青团中央和湖南省，直至担任湖南省委书记。周强毕业于西南政法学院，是“文化大革命”结束、法学教育恢复后毕业的大学生。实际上，目前（2019 年 5 月），在 16 位最高人民法院领导中，除了中央纪委国家监委驻最高人民法院纪检监察组组长、政治部主任以外，其余 14 位全部毕业于法学院。其中，副院长江必新、李少平、张述元，审判委员会副部级专职委员胡云腾、裴显鼎，他们也都毕业于西南政法学院。大致来看，他们不仅毕业于法学院，而且长期在政法系统工作，积累了丰富的职业经验，可以说是法律专家型官员。

党的十八大以来，法院的司法改革幅度之广、程度之深，可谓前所未有。这是在中央强力推动和法律专家型官员群体积极配合下进行的。一方面，2013 年年底，中共中央决定成立中央深化改革领导小组。2018 年 3 月后，更名为中央全面深化改革委员会。2014 年 1 月 22 日至 2018 年 12 月 31 日，中央全面深

---

① 2007 年 12 月 25 日，时任中共中央总书记胡锦涛在同全国政法工作会议代表和全国大法官、大检察官座谈时指出：“大法官、大检察官要始终保持高度的政治意识、大局意识、责任意识、法律意识、廉洁意识，始终坚持党的事业至上、人民利益至上、宪法法律至上，切实承担起带领广大法官、检察官和其他工作人员保障科学发展、促进社会和谐的历史使命和政治责任，为建设公正高效权威的社会主义司法制度而不懈努力。”参见《胡锦涛在同全国政法工作会议代表和全国大法官、大检察官座谈时强调：立足中国特色社会主义事业发展全局　扎扎实实开创我国政法工作新局面》，载《人民日报》2007 年 12 月 26 日，第 1 版。

② 王胜俊：《必须把“三个至上”作为人民法院始终坚持的指导思想》，载《人民法院报》2008 年 6 月 22 日，第 1 版。

化改革领导小组、中央全面深化改革委员会共召开 45 次会议，审议通过涉及人民法院的重要改革文件 35 份。中央全面深化改革委员会下设 6 个专项小组，负责研究相关领域重要改革问题，协调推动有关专项改革政策措施的制定和实施。深化司法体制改革工作由社会体制改革专项小组（中央司法体制改革领导小组）负责。[①] 此外，2014 年 10 月，党的十八届四中全会通过《中共中央关于全面推进依法治国若干重大问题的决定》，对司法改革进行顶层设计。这让法院的司法改革的重要程度大大提升。2018 年，中央全面依法治国委员会成立，负责指导和协调与最高人民法院相关的重大事务。

另一方面，最高人民法院也积极参与法院的司法改革。最高人民法院成立司法改革领导小组，组织领导、统筹协调法院司法改革工作，召开全体会议和专题会议，统筹规划改革要点、研究审议改革方案、讨论决定重大问题。各高级人民法院拟就司法改革项目开展试点的，试点方案须报最高人民法院审批同意，重大改革试点方案须经最高人民法院报经中央审批同意方可实施。[②] 这表明，最高人民法院在法院的司法改革中发挥着相当重要的作用。

对于大部分法律人来说，他们可能没有去过最高人民法院，但都知道最高人民法院对解释和解决法律问题的重要性。因此，上述有关最高人民法院演进与作用的简单勾勒，显然是很不够的。

要想准确了解、探究最高人民法院的政策制定过程，就需

① 最高人民法院编:《中国法院的司法改革（2013—2018）》，人民法院出版社 2019 年版，第 4—5 页。

② 最高人民法院编:《中国法院的司法改革（2013—2018）》，人民法院出版社 2019 年版，第 7 页。

要有更为细致的经验描述。经验描述能够呈现法院政策制定的背景、缘由和可能产生的影响。经验描述甚至可以直接推动法院某一政策的制定，从而具有规范生成的意义。这些正是笔者写作本书的主要想法。

从 2003 年开始，笔者就一直关注最高人民法院，特别是法院的组织运作和实际影响。多年来，主要是采取长期观察、实地调查、查阅档案资料和访谈等定性方法进行研究。而访谈的对象，不仅有最高人民法院的法官、下级法院的法官，也包括案件的当事人和律师，以及受到法院政策影响的特定群体中的专业人士。这大体上是外部人（Outsider）视角的观察。

实际上，笔者在 2007 年出版专著《中国最高人民法院研究》之前，从未踏入过最高人民法院的大门。后来进入的次数才越来越多。特别是 2015 年 10 月以后，笔者以法律研修学者的身份被安排到相关部门[①]，就有了更近距离的体验。这可以说是一种参与观察的内部人（Insider）视角。如果说过去由于外部人的视角，更多是站在理解他者的立场，现在则对法院有了更多的理解。因此，在这本书的整理写作过程中，这两种视角并存、融合，或许还会有些冲突。

除了引言和结语之外，全书主要由三部分组成，即法院的影响、法院的构成和法官如何思考。这三部分分别侧重体制、机制和人事的讨论，是从宏观到中观再到微观的分析视角。[②] 这

① 其中一项重要工作就是组织编译相关法律，最后成书，即《域外法院组织和法官管理法律译编》（最高人民法院政治部编，人民法院出版社 2017 年版）。

② 这在人类学上称为“视角转换法”。法国人类学家戴泽将视角转换法区分为三个大的观察视角。第一个视角叫宏观社会视角，是用来观察规律性、大趋势、社会集团和价值观念的。第二个视角叫微观社会视角，是用来观察互动中的社会成员的。第三个视角叫微观个体视角，是用来观察个体的。随着视角的改变，参照点、事物的形态以及观察事物的方法都会发生变化，因而对现实的描述会很不相同。参见［法］多米尼克·戴泽：《社会科学》，彭郁译，商务印书馆 2015 年版，第 1—2 页。

三重视角相互勾勒和转换，就能呈现最高人民法院的整体样貌，揭示背后的复杂关系。

“法院的影响”是一种宏观视角的观察，讨论最高人民法院的影响。主要包括：最高人民法院对社会经济生活（特别是市场）的影响，或者说法院如何规制经济活动；最高人民法院对本院和下级法院以后政策制定的司法影响。

第 1 章从中福实业担保案切入，说明最高人民法院政策会对特定市场即银行业信贷业务产生巨大的影响。相比之下，计划经济时代的最高人民法院，其对社会经济生活的影响主要集中在刑事审判（第 2 章）。最高人民法院通过设立巡回法庭，形成了最高审判权力的多空间分布格局。这会逐渐改变最高人民法院与下级法院现有的权力关系体制（第 3 章）。

“法院的构成”是一种中观视角的观察，讨论法院内部的工作机制和具体制度。本书接续第 3 章的讨论，重点分析了巡回法庭的设立过程，认为这直接将大部分申诉信访案件从本部分流到各巡回法庭处理。而且，还牵动最高人民法院其他的职权分配和机构设置（第 4 章）。最高人民法院主要是通过司法解释和判决来产生影响的。而如何有效协调司法解释与判决的关系是其工作机制中的核心问题。一部分筛选出来的案件，具有潜在普遍的法律适用意义，就有可能形成特定的裁判规则（第 5 章）。同时，司法解释要发挥影响，需要本院和下级法院裁判时进行援引。因此，引证是最高人民法院影响下级法院的一项重要制度安排（第 6 章）。

“法官如何思考”是一种微观视角的观察，讨论法官个体行动的激励机制。由于法官是有限理性的，因此，就有必要建立信息完全的司法竞争市场，来减少法官恣意行为（第 7 章）。另外，法官还容易受到利益影响，或出现认知偏差，这些都需要建立制度来克服（第 8 章）。特别是法官在审理有潜在重大影响的案件时，要想作出既符合法律又合乎情理的判决，必须进行后果考量和利益衡量（第 9 章）。而这种后果考量，需要进行社会科学判断，有助于促进法律效果和社会效果的统一（第 10 章）。

结语部分再次审视了最高人民法院的职能定位。最高人民法院越来越成为制定公共政策的法院，也越来越成为重视法律适用统一的上诉审法院。同时，在这样一个变动不居的时代，最高人民法院需要在司法能动与司法克制之间保持平衡，既要追求全国法律适用的统一，又能有效影响社会经济生活。

大致来说，笔者坚持一种社会科学的经验研究路径。首先是法律社会学的功能主义分析，即深描最高人民法院的运作过程和实际影响；以及一定程度的结构主义分析，即揭示背后的制度约束和复杂关系。同时，也有法律经济学包括行为法律经济学的一些讨论，如法官的有限理性和认知偏差。也因此，笔者并不在意个别结论是否过时，而更看重方法是否一以贯之，论证是否细致深刻，方法和论证是否值得不断反思。

就学术意义而言，本书讨论的是法院的运作和影响，并且提炼法院规制（Court Regulation）的概念。法院规制是指法院如何通过制定公共政策来调控和影响社会经济生活。与法院规制相比，更常见的概念是行政规制或政府规制，国内法学界主要是经济法学和行政法学的学者在研究，[①] 而对法院规制的研究很少。相比之下，最高人民法院规制社会经济的活动越来越多，对社会经济生活的影响越来越大。但是，对于法院规制的研究

---

① 例如，应飞虎、涂永前：《公共规制中的信息工具》，载《中国社会科学》2010 年第 4 期；邓峰：《传导、杠杆与中国反垄断法的定位——以可口可乐并购汇源反垄断审查案为例》，载《中国法学》2011 年第 1 期；金自宁：《风险规制与行政法治》，载《法制与社会发展》2012 年第 4 期；宋华琳：《论政府规制中的合作治理》，载《政治与法律》2016 年第 8 期。

还远远不够。[1] 笔者也希望以此强调法院规制的重要性。

笔者在分析最高人民法院的运作与影响的过程中，也在追求对各种问题进行因果关系的解释，而不仅仅是或主要不是法律规范的文本解释。例如，最高人民法院为何更需要司法解释，而不是主要通过自己的判决来实现全国法律适用的统一？最高人民法院有数百位员额法官，他们如何进行协调和裁判，来实现全国法律适用的统一？最高人民法院对社会经济生活的影响为何越来越大？由此，法院如何协调相关部门或利益群体，以确保其司法解释和判决的影响不致失控？以及最高人民法院巡回法庭成立以后，对整个司法体制和社会经济生活会产生怎样的影响？等等。

对上述这些问题的关注和解释，不只是为了满足好奇心，也是准确理解中国政法实践的需要。特别是对于法律人而言，如果不关心中国司法的政治结构和社会影响，也就不太可能透彻分析具体的司法问题。从这个意义上来说，还需要持续不断地、更为细致地研究最高人民法院的全部职能在国家政体中的重要作用及影响。

---

① 少数的例外如黄韬：《公共政策法院：中国金融法制变迁的司法维度》，法律出版社 2013 年版。

第1章 最高人民法院如何影响市场

本章主要通过对中福实业公司担保案进行个案研究，来展示最高人民法院对市场的影响。在制度经济学上，法院对市场的影响可以称为“法院规制”。因此，这也是从个案切入讨论最高人民法院规制经济的功能。

对这一个案的研究可以从两个方面展开：一是法解释学意义上的案例分析，主要围绕法律条文、解释方法和价值判断进行法律适用。二是社会科学意义上的个案分析，即将个案放到特定的社会情境中，对发生过程和实际影响进行因果关系的解释。这属于定性研究，不追求个案的代表性，而是呈现个案的丰富性和抽象程度。[①] 大体上，本章的研究侧重第二个方面，通过以小见大的分析来展示最高人民法院影响市场的过程。

中福实业公司担保案的基本案情是：

1996年12月，中国福建国际经济技术合作公司（以下简称中福公司）与中国工商银行福州市闽都支行（以下简称闽都支

---

① 这是如费孝通所倡导的，对一个具体现象进行描写，并且在具体现象中提炼出认识现象的概念。参见费孝通：《乡土中国》，北京时代华文书局2018年版，重刊序言第2—3页。

行）的前身中国工商银行福州市分行第二营业部，先后签订两份《人民币短期借款合同》，约定借款金额4210万元。贷款到期后，中福公司未能偿还。1998年7月28日，营业部与中福公司签订一份《还款协议书》，约定贷款由中福公司分期归还，并且福建九州集团股份有限公司（以下简称九州公司）和福建省中福实业股份有限公司（以下简称中福实业公司）作为承担连带责任的还款保证人。

中福实业公司属于上市企业，中福公司是中福实业公司的控股股东。中福实业公司在提供担保时，有中福实业公司董事会关于提供担保的决议文件。1999年12月5日，闽都支行向福建省高级人民法院起诉，请求判令中福公司偿还所欠贷款本金和利息。中福实业公司和九州公司承担连带责任。

福建省高级人民法院经审理认为：《还款协议书》及《保证合同书》系各方当事人自愿行为，未违反有关法律规定，应确认有效。法院遂判决：中福公司偿还闽都支行贷款本金和利息；中福实业公司、九州公司对中福公司的还款义务承担连带责任。作为第二被告人的实业公司不服判决，向最高人民法院提起上诉，请求裁定《还款协议书》规定的担保无效，改判实业公司不承担担保责任。

2001年11月17日，最高人民法院作出判决，认为：

> 《中华人民共和国公司法》第六十条第三款对公司董事、经理以本公司财产为股东提供担保进行了禁止性规定①，实业公司的公司章程也规定公司董事非经公司章程或股东大会批准不得以本公司资产为公司股东

---

① 当时的《公司法》（2004年修正）该款规定："董事、经理不得以公司资产为本公司的股东或者其他个人债务提供担保。"

提供担保，因此，实业公司以赵裕昌为首的五名董事通过形成董事会决议的形式代表实业公司为大股东中福公司提供连带责任保证的行为，因同时违反法律的强制性规定和实业公司章程的授权限制而无效，所签订的保证合同也无效。对此，《最高人民法院关于适用〈中华人民共和国担保法〉若干问题的解释》第四条已作了明确规定。上诉人实业公司关于保证合同无效的上诉理由成立，本院予以支持。

闽都支行答辩主张《中华人民共和国公司法》第六十条第三款的规定系禁止董事、经理个人以本公司财产为股东提供担保，并非针对公司董事会。本院认为，法律已明文禁止公司董事以公司财产为股东提供担保，则董事在以公司财产为股东提供担保上无决定权。董事会作为公司董事集体行使权力的法人机关，当现行法律对董事会对股东提供担保无授权性规定，公司章程或股东大会对董事会无授权时，董事会也必然因法律对各个董事的禁止性规定而无权作出以公司财产对股东提供担保的决定。因此，《中华人民共和国公司法》第六十条第三款的禁止性规定既针对公司董事，也针对公司董事会。这符合我国《公司法》规范公司关联交易、限制大股东操纵公司并防止损害中小股东利益的立法宗旨。

……

实业公司与闽都支行的保证合同因实业公司董事违反我国《公司法》的规定和实业公司章程的规定而无效，实业公司对董事的无效行为应当承担过错责任。而当法律有禁止性规定，任何人均不得以不知法律有规定或宣称对法律有不同理解而免予适用该法律。再则实业公司系上市公司，其公司章程公开，闽都支行也收到过中福公司提供的实业公司章程，故闽都支行对实业公司的公司章程中关于限制董事为股东担保的规定应当知道。因此保证合同无效，闽都支行也有过错。

最高人民法院改判：中福实业公司与闽都支行的保证合同无效，中福实业公司对中福公司的还款义务承担不超过该公司不能清偿部分的二分之一。[①]

法律界关于中福实业公司担保案的讨论，主要是围绕如何认定事实、调查取证、证据保全，如何解释和适用法律条文，承担何种法律责任等问题。[②] 笔者则更为关心本案所产生的社会影响，即最高人民法院对银行业的影响。最早留意这一问题，实际上是由于一则新闻报道。2002 年 11 月 29 日，《财经时报》头版头条刊登了题为《最高法院一本新书 危及银行 2700 亿资产的安全》的报道。其中“新书”是指 2002 年出版的《中国民商审判》（第 1 卷），但矛头指向的是收入该书的一篇文章。这篇文章讨论的是中福实业公司担保案，而且还是由该案的主审法官所撰写。[③]

报道所提及的危及银行 2700 亿资产安全的说法，实际上出

---

① 参见曹士兵：《公司为其股东提供担保的法律效力分析——从法律适用到利益衡量》，载《中国民商审判》（第 1 卷），法律出版社 2002 年版，第 293—303 页。

② 相关论文例如，虞政平：《公司可以为其股东提供担保——〈公司法〉第 60 条第 3 款之解读》，载《法律适用》2003 年第 7 期；游建：《解读〈担保法〉司法解释第 4 条》，载《中国律师》2003 年第 3 期；高圣平：《民法解释方法在“中福实业公司担保案”中的运用》，载《法学家》2004 年第 4 期。

③ 参见曹士兵：《公司为其股东提供担保的法律效力分析——从法律适用到利益衡量》，载《中国民商审判》（第 1 卷），法律出版社 2002 年版，第 293—303 页。

自2001年6月15日，中国工商银行、中国农业银行、中国建设银行、中国银行和华夏银行提交给最高人民法院的一份特急函件。该报道称：

> 上书高法的几家商业银行当时就做了粗略统计：截止到2001年4月，采用股东担保形式的贷款余额已经达到了1600多亿元，而公司为个人债务提供担保的金额也已达1100多亿元，两项合计金额高达2700亿元。银行界认为，如果根据《解释》而判决此类担保合同无效，那么，这2700亿元巨额信贷资金当即就会暴露在“脱保”的风险之下。①

五家银行给最高人民法院这份函件，正是在2001年11月17日最高人民法院作出中福实业公司担保案二审判决之前。中福实业担保案所适用的司法解释，就是《担保法解释》第四条。这也是最高人民法院第一次针对公司担保活动，在判决中适用这一条。

一个中福实业公司担保案和《担保法解释》第四条，居然能够影响到全国银行业2700亿元信贷资产安全。最高人民法院的行为可能产生如此潜在的巨大的经济后果，这着实令人惊讶。毕竟长期以来，我们已经习惯认为中国的法院包括最高人民法院的判决只是解决纠纷，只影响案件当事人。

① 张小彩：《最高法院一本新书 危及银行2700亿资产的安全》，载《财经时报》2002年11月29日。

法院规制经济的功能

通常来说，立法机关制定法律，决定法律权利的配置；司法机关仅仅是适用法律，依照立法机关制定的法律作出判决，将法律权利确认给相关当事人。法院基本上是依照立法确定的权利配置来解决纠纷的机构，本身并不创制新的权利配置规则。

法律经济学的分析却表明，法院特别是最高法院也具有权利再配置的功能。即使是具有制定法传统的国家或地区的法院也不例外，只是有程度上的差别。按照著名经济学家罗纳德·科斯的解释："当市场交易成本是如此之高，以至于难以改变法律已确定的权利配置……此时，法院直接影响着经济行为……法院应该了解其判决的经济后果，并在判决时考虑这些后果，只要这不会给法律本身带来过多的不确定性就行。"① 这意味着，在市场活动中，如果法院介入进行权利再配置的交易成本比立法机关低，法院介入就是优先策略。法院在进行权利再配置时，需要考虑经济后果。因此，经济后果考量构成法院决策成本的一部分。

从产权经济学的角度来分析，法院特别是最高法院之所以能够进行权利再配置，其主要原因在于现代社会产权界定方式十分复杂，仅有立法规定是远远不够的。"产权界定包括绝对的产权明确界定和相对的产权明确界定，前者在现代市场经济中是不可能的，因为市场竞争是和绝对的私人生产资料所有制相冲突，保护一方的绝对产权，必然会侵犯其竞争对手的绝对产权；因此，相对的产权明确界定是可能而且是必要的，但这提出了一个更深层

---

① See Ronald H. Coase, The Nature of the Firm, *Economica*, New Series, Vol. 4, No. 16 (Nov. 1937), pp. 386-405.

次的问题：谁有权、通过什么过程来相对地界定产权。”① 如果法院的决策成本更低，这个“谁”就是法院。法院特别是最高法院可以通过重新界定产权直接影响市场。

中福实业公司担保案所依据的《担保法解释》第四条，就是最高人民法院在“法律的阴影”（Shadow of Law）下创制的新的有关权利配置的裁判规则。尽管当时的《公司法》（1999年修正）第二百一十四条第三款规定了“董事、经理违反本法规定，以公司资产为本公司的股东或者其他个人债务提供担保的，责令取消担保，并依法承担赔偿责任，将违法提供担保取得的收入归公司所有”，但是并不能据此推导出担保合同无效的结论。实际上，《担保法解释》第四条是对当时的《公司法》第六十条第三款进行了扩大解释。即将法条对董事、经理个人行为的限制，扩大解释为对公司行为的限制，从而认定担保合同无效，否认了公司的担保权利。

不过，当时银行业认为《公司法》第六十条第三款的立法意图在于限制公司董事、经理的权利，保护公司财产和投资者利益，并非禁止公司合法经营中的正常担保行为。在现实经济生活中，有相当一部分保证人与被保证人之间存在关联关系，被保证人往往是保证人的控股公司，从资金用途上看，有相当一部分资金会通过某种途径回流，用于保证人的发展。因此，公司为股东提供担保使其获得一定的资金支持，非但不会损害公司其他投资者利益，反而有利于其他投资者。也因此，银行一直认可企业间的担保行为。而在《担保法解释》第四条制定以后，特别是最高人民法院在中福实业公司担保案具体适用了

---

① Morton J. Horwitz, *The Transformation of American Law*, *1780-1860*, Harvard University Press, 1977, “The Transformation in the conception of Property”.

该条款，整个银行业信贷资产的安全风险都增加了。

法院与立法和行政权力的协调

在本案中也可以看出，最高人民法院是如何在规制市场的过程中处理与立法机关和行政监管部门的关系的。

中福实业公司担保案所依据的《担保法解释》第四条，是对全国人大常委会所制定的《公司法》第六十条进行解释，但这一司法解释未必符合立法原意。1993 年制定《公司法》时的立法背景，主要是为了建立现代企业制度，打破不同所有制的界限，制定一部统一的《公司法》，对有限责任公司和股份有限责任公司加以调整。[①] 当时，还想不到如最高人民法院在中福实业公司担保案判决中所言的保护中小股东的权益。

1993 年《公司法》第五十九条至第六十三条都是规定董事、监事和经理个人对于公司所负的忠实义务，并且第十章规定了追究公司经营者法律责任的规定。从体系解释来看，似乎也不应把第六十条第三款单独解释为对公司行为的限制。这一款的立法原意，更可能是为了维护公司资产的安全以及善意第三人的利益，防止董事、经理的个人行为损害公司利益，防范道德风险，而不是防止公司作为独立法人损害中小股民的利益。

而且，违背该条的法律后果仅仅是《公司法》第二百一十四条第三款的规定："董事、经理违反本法规定，以公司资产为本公司的股东或者其他个人债务提供担保的，责令取消担保，并依法承担赔偿责任，将违法提供担保取得的收入归公司所有。

---

① 参见宋汝棼：《既要参考借鉴外国法律，又要从我国的实际情况出发——起草、审议公司法草案时提出的不同意见》，载氏著《参加立法工作琐记》（下册），中国法制出版社 1994 年版。

情节严重的，由公司给予处分。”这应当理解为担保合同的解除，而不是担保无效。此外，《合同法》第五十条规定：“法人或者其他组织的法定代表人、负责人超越权限订立的合同，除相对人知道或者应当知道其超越权限的以外，该代表行为有效。”这也可以印证 1993 年《公司法》第六十条第三款是公司内部经营活动中对董事、经理行为的限制性规定，不影响其对外担保合同的效力。

实际上，现行立法只规定了董事对公司履行忠实义务，而这一旨在保护中小股东利益的判决，却隐含董事对股东承担义务的要求。学理上，只有在特殊情况下，才存在董事对股东的义务。这种特殊情况是指股东为行使股东权而实施的法律行为，需依赖董事提供信息和咨询的场合。而且，为更好地保护股东权，“应将董事对作为第三者的股东所负之间接损失赔偿责任纳入董事对公司责任的范畴，若公司怠于行使其权利，则具备法定资格的股东可依法提起代表诉讼”①。由此可以推断，在中福实业公司担保案中，最高人民法院让董事对股东承担义务，似乎超出了立法原意。

在本案中，最高人民法院似乎选择了与行政监管部门的立场保持一致。审理本案的法官这样写道：

> 判决体现了对中小股东权益的保护。这体现出司法对行政监管的支持，在对公司为股东提供担保限制的问题上，司法和行政监管不谋而合。早在 2000 年 6 月 6 日，《中国证券监督管理委员会关于上市公司为他人提供担保有关问题的通知》第二条就规定：“上市公

① 刘俊海：《股份有限公司股东权的保护》，法律出版社 1997 年版，第 268 页。

> 司不得以公司资产为本公司的股东、股东的控股子公司、股东的附属企业或者个人债务提供担保。”然后在2000年9月29日《担保法解释》第四条又规定：“董事、经理违反《中华人民共和国公司法》第六十条的规定，以公司资产为本公司的股东或其他个人债务提供担保的，担保合同无效，除债权人知道或者应当知道的外，债务人担保人应对债权人的损失承担连带赔偿责任。”接着在2001年11月17日最高人民法院（2000）经终字第186号民事判决（中福实业公司担保案）作出终审裁决，认定担保合同无效。上述过程，从行政监管到司法解释最后落足司法裁判，权力机关行使权力的方式有别，但在价值取向上却极为相同，一个从监管的角度，一个从司法的角度，两者所传达的共同理念就是在利益衡量上对中小股东权益的眷顾。①

最高人民法院之所以会选择与行政监管部门立场保持一致，可能的确是出于维护中小股东权益，确保法律效果和社会效果统一的目的，参照行政监管部门的意见来调整立场，这至少也体现出法院的谦抑性。不过，最高人民法院与行政监管部门的职能定位毕竟有很大不同，因此，审慎反思仍有必要。

由于上市公司与股东之间存在严重的信息不对称，作为强势方的上市公司，其侵权或违法行为往往会对股东造成伤害。

---

① 曹士兵：《公司为其股东提供担保的法律效力分析——从法律适用到利益衡量》，载《中国民商审判》（第1卷），法律出版社2002年版，第302页。引文中《中国证券监督管理委员会关于上市公司为他人提供担保有关问题的通知》已于2010年失效。后文简称《证监会通知》。

因此，作为行政监管部门的中国证监会，其定位就是以保护股东权益为重心，特别是要以保护弱势投资者权益为根本出发点。法院的基本职能则是公正地解决纠纷，关键词是“公正”。证监会既然定位于保护弱势投资者，其在解决股东与上市公司及其董事、经理之间的纠纷时，就可能会做出对上市公司不利的判断。① 如果是这样，法院就有介入的可能和必要。对最高人民法院来说，是保护上市公司、中小股东，还是其他各方的利益，这时所考虑的就并非要与行政监管部门保持一致。法官需要依靠丰富的实践经验、准确适用法律和较高的综合素质来预测判决可能带来的社会经济后果，从而作出最终裁判。

实际上，在中福实业公司担保案中，主审法官对行政监管部门的政策规定也提出了疑问。例如，前述《证监会通知》第二条规定：“上市公司不得以公司资产为本公司的股东、股东的控股子公司、股东的附属企业或者个人债务提供担保。”但是，依据这一条并不能得出推论，认为上市公司经过股东大会的同意就可以为其股东等提供担保。相反，《证监会通知》仅规定上市公司为他人担保必须经董事会或股东大会批准。而不论是否经过股东大会同意，上市公司以公司资产为董事等进行担保都是不被允许的。因此，“该条打击面过宽，波及除大股东之外的其他关联企业，在我国公司法现有规范中，该条缺乏法律支持”②。

不过，证监会并没有注意到所谓“打击面过宽”的问题，而是进一步加强了对关联担保的管控力度。2003 年 8 月 28 日，证监会、国资委发布《关于规范上市公司与关联方资金往来及

---

① 参见陈志武：《证监会、法院与人大：如何监管证券市场?》，载《财经》2002 年第 9 期。

② 曹士兵：《公司为其股东提供担保的法律效力分析——从法律适用到利益衡量》，载《中国民商审判》（第 1 卷），法律出版社 2002 年版，第 302 页。

上市公司对外担保若干问题的通知》。其中更为明确地规定："上市公司不得为控股股东及本公司持股50%以下的其他关联方、任何非法人单位或个人提供担保。"禁止上市公司为本公司持股50%以下的其他关联方提供担保。可以推论：即使股东大会同意，也不允许上市公司为控股股东提供担保。当然，对于已经形成的担保合同，该通知也没有认为无效，而是规定："上市公司董事会应当针对历史形成的资金占用、对外担保问题，制定切实可行的解决措施，保证违反本《通知》规定的资金占用量、对外担保形成的或有债务，在每个会计年度至少下降30%。"

针对法院的立场，立法机关和行政监管部门根据实践中的变化，在政策上也在不断进行调整。例如，2005年，全国人大常委会修改《公司法》，删除了原来第六十条第三款的禁止性条款。而且，修改后的《公司法》第十六条肯定并规范了公司担保的问题。该条规定："公司向其他企业投资或者为他人提供担保，依照公司章程的规定，由董事会或者股东会、股东大会决议；公司章程对投资或者担保的总额及单项投资或者担保的数额有限额规定的，不得超过规定的限额。公司为公司股东或者实际控制人提供担保的，必须经股东会或者股东大会决议。前款规定的股东或者受前款规定的实际控制人支配的股东，不得参加前款规定事项的表决。该项表决由出席会议的其他股东所持表决权的过半数通过。"

法院行为的溯及效力

法律一般没有溯及既往的效力。在法律没有特别规定的情况下，处理新法律施行前的纠纷，应当以行为发生时的法律为根据。但是，司法解释的生效时间，通常并非司法解释的施行日期，而是可以回溯到其制定所依据的法律生效时的日期。[①] 在中福实业公司担保案中，2000 年 12 月 13 日实施的《担保法解释》由于具有溯及既往的效力，可以追溯到 1995 年《担保法》实施之日。《担保法解释》第一百三十三条第三款就规定："担保法施行以后因担保行为发生的纠纷案件，在本解释公布施行后尚在一审或二审阶段的，适用担保法和本解释。"

由此带来的问题，就是如何处理《担保法解释》出台前就已经形成的 2700 亿信贷资产。在银行给最高人民法院的适用函中，银行明确表达了担心："由于该《解释》具有溯及既往的效力，如若适用，将对债权人尤其是银行的担保债权产生重大影响。"当时媒体报道转述最高人民法院的态度是："这种结果并不是法院的判决造成的；风险有很多原因，但重要的是银行发放贷款时可能疏于审查或者其他原因。法院不可能支持银行以上市公司担保来转嫁风险。"至于 2700 亿元资产的前途如何，最高人民法院法官表示"这个问题只能让银行去回答"。[②]

司法解释的生效时间，如果回溯到其所依据的法律生效时的日期，有时还会带来法律技术上的"荒唐"之处。以《最高人民法院关于审理商品房买卖合同纠纷案件适用法律若干问题的解释》（以下简称《商品房解释》）为例，最高人民法院比较正式的解释是："因《商品房解释》是对审理《中华人民共和国城市房地产管理法》施行后订立的商品房买卖合同并由此发生的纠纷案件适用法律所作的解释，故《商品房解释》第二

① 有关司法解释溯及力的讨论，参见张军：《试论刑事司法解释的时间效力》，载《中国法学》1992 年第 2 期；杨登峰：《民事、行政司法解释的溯及力》，载《法学研究》2007 年第 2 期；张新宝、王伟国：《最高人民法院民商事司法解释溯及力问题探讨》，载《法律科学》2010 年第 6 期。

② 张小彩：《〈中国民商审判〉风波　高法反驳银行》，载《财经时报》2002 年 12 月 13 日。

十八条确定《商品房解释》的时间适用效力以城市房地产管理法的施行为标准。凡是城市房地产管理法施行后发生的商品房买卖合同纠纷案件适用该司法解释处理。”① 但《商品房解释》在 2003 年 4 月 28 日公布时的说明文字中就指出：“为正确、及时审理商品房买卖合同纠纷案件，根据《中华人民共和国民法通则》、《中华人民共和国合同法》、《中华人民共和国城市房地产管理法》、《中华人民共和国担保法》等相关法律，结合民事审判实践制定本解释。”也就是说，《商品房解释》所依据的法律，不是一部而是四部。这种依据多部法律而制定司法解释的现象还比较常见。

那么，问题就来了。如果司法解释所依据的法律不止一部，其溯及既往的效力应以哪部法律的生效时间为准？一般来说，这取决于司法解释的具体条文与相关法律的紧密程度。就最高人民法院所裁判的中福实业担保案依据的《担保法解释》第四条的生效时间看起来，应回溯到《担保法》的生效日期，但就紧密程度而论，应回溯到《公司法》的生效日期。但不论怎样，司法解释的溯及效力是其天然缺陷。由于溯及既往会破坏市场预期，这会大大增加最高人民法院规制经济的风险，同时也让市场产生更大的不确定性。

如何实现效果统一

上述种种分析表明，法官在裁判重大案件时，仅仅依靠法条分析，运用逻辑推理和解释技术是远远不够的。法官必须对

---

① 《最高人民法院民一庭孙华璞就〈最高人民法院关于审理商品房买卖合同纠纷案件适用法律若干问题的解释〉的有关问题答记者问》，载最高人民法院民一庭编：《民事审判指导与参考》（总第 15 集），法律出版社 2003 年版，第 18—24 页。

这类案件进行政治考量，权衡背后的利益关系，以及案件可能带来的后果，确保实现法律效果和社会效果的统一。同时，法官也需要评估其所依据的司法解释，如果具有溯及效力会带来怎样的法律风险、经济风险甚至政治风险。

在中福实业公司担保案中，更稳妥也更具可操作性的做法，是最高人民法院在个案中对《担保法解释》进行更为具体细致和语境化的理解与适用。所谓具体细致，就是结合个案的情形，附加种种约束条件来严格适用《担保法解释》。这种有条件的适用《担保法解释》，就是对司法解释进行再解释。所谓语境化，就是在面对已经形成的大规模信贷担保的事实时，不应采取休克疗法，导致市场产生震荡。法院不是唯一的纠错机关，更需要与立法机关和行政监管部门相互配合，共同维护市场秩序的稳定。值得肯定的是，最高人民法院在后来的判决中适用《担保法解释》时，进行了更为具体细致和语境化的理解与适用。[①]

当然，最高人民法院对市场的影响不仅仅是通过审判个案或制定司法解释来实现的。最高人民法院是国家治理体系的重要组成部分，通过制定司法文件等方式动员组织各级法院配合中央规制经济等重大决策部署。例如，党的十八大以来，最高人民法院就先后制定了为企业兼并重组、国家新型城镇化发展、“一带一路”建设、京津冀协同发展、长江经济带发展、自由贸易试验区建设、改善营商环境、海南全面深化改革开放、实施乡村振兴战略、河北雄安新区规划建设等提供司法服务或保障的意见。这些政策性意见为各级法院在司法审判过程时确保实现法律效果和社会效果的统一提供了指引。

总的来说，本章从对中福实业公司担保案的分析入手，初

---

① 详见本书第6章的讨论。另参见曹士兵：《公司法修订前后关于公司担保规定的解读》，载《人民司法》2008年第1期。

步展示出本书所要讨论的主要议题。那就是：最高人民法院已经具有了规制经济的功能，能够对市场产生影响，这种影响还会越来越大。但最高人民法院需要与立法机关、行政监管部门等相互协调，才能实现规制效果的优化。事实上，中福实业公司担保案后来也加快了 2005 年《公司法》中关于公司担保能力的一系列规定的修改。从法院内部来说，需要理顺工作机制，特别是处理好司法解释与判决的关系、法院上下级的关系。同时，也要改进决策机制，增强法官对社会经济后果的预判能力。理顺法院工作机制和改进法官决策机制，这也正是当下中国司法改革的重心。

第 2 章　计划经济体制下的最高人民法院

第 1 章的个案研究初步表明，在市场经济体制建立和发展过程中，最高人民法院对社会经济生活的影响越来越大。那么，在此之前的计划经济体制下，最高人民法院的表现如何？最高人民法院在两种经济体制下的表现有何差别，前后表现有多大关联？这就需要进行历史考察。

新中国成立以后，所面临的主要任务是国家政权建设和经济现代化。为完成此目标，中国共产党在新中国成立初期主要通过统一意识形态来调动全国人民的积极性，通过政治驱动来改造国家，逐步建立起计划经济体制。在这样的大背景下，最高人民法院逐渐形成了特有的政法治理功能，并延续至今。

随着经济体制的转变，法院的政法治理功能也有一定的变化。在计划经济体制下，进入法院的经济纠纷的类型和数量都较少，最高人民法院主要通过事后的刑事惩罚来打击破坏计划经济的犯罪行为。在转向市场经济体制的过程中，制定经济政策的权力不再只集中在中央，而是开始逐渐向地方和其他机构进行一定程度的放权。同时，行政机关规制经济方式的改变，也带来法院的行为调整。法院不仅成为解决经济纠纷的重要渠道，其规制经济的功能也在逐渐增强。由此，最高人民法院的一些行为越来越具有公共政策制定的意义。

计划经济体制下的法院变化

中国经济的发展大致可以分为三个时期：1949 年到 1978 年是计划经济时期，1978 年到 1992 年是计划经济向市场经济转型时期，1992 年到现在是市场经济全面建设时期。计划经济时期又分为三个阶段：1949 年到 1952 年是中国经济的恢复阶段。1952 年到 1957 年，中国仿照苏联的做法，实施国民经济恢复以后的第一个五年计划。这一阶段总的经济指导思想是过渡时期的总路线，在 1954 年以后又发展为“一化三改”①。1958 年到 1978 年是中国经济的动荡阶段。这一阶段经过收权—放权—再收权的过程，形成了中央指令性计划经济体制的格局。②

作为一个后发展中国家，中国当时采取中央集权的经济体制十分必要。因为如果没有统一的政治架构和统一的法律来打破传统经济的封闭性，就不可能实现现代经济变革，无法发展现代工业和商业，无法建立统一的军队和官僚制度。③ 经济决策的集权，有利于加快国家的现代化进程。

正是为了建立现代国家的需要，中共中央和国务院主导了计划经济体制的建立和运作过程。大量微观的经济决策是由国务院及其经济管理部门如计划委员会作出的。它们制定了一整

① “一化”就是逐步实现国家的社会主义工业化。“三改”就是逐步实现国家对农业、手工业、资本主义工商业的社会主义改造。

② 参见黄恒学：《公共经济学》，北京大学出版社 2002 年版，第 387—393 页；蔡昉、林毅夫：《中国经济》，中国财政经济出版社 2003 年版，第 5—8 页。

③ 参见［英］安东尼·吉登斯：《民族、国家与暴力》，赵力涛、胡宗泽译，生活·读书·新知三联书店 1998 年版，第 105 页以下。

套计划经济体制的运行规则。即使有经济纠纷，也主要是由行政机关来解决。20 世纪 50 年代初期，虽然全国民事案件最高达到 200 多万件，占法院受理案件总数的 80%以上，但其中 80%是婚姻案件。经济纠纷由法院来解决的数量是比较少的。[①] 最高人民法院不可能像现在这样广泛介入经济生活。

不过，最高人民法院在早期也有一些直接参与经济管理的活动。例如，为配合管理国家银行存放业务，按照计划及时放出和收回，扶助和监督生产和商品流通，管理和调节市场货币信用，保证全国金融安定，最高人民法院和司法部在 1951 年 4 月联合发布《关于保护国家银行债权的通报》，在 1951 年 7 月联合发布《关于保护国家银行债权在债权关系上国家银行与其他机关团体或私人均应同等清偿的通报》。[②] 但最高人民法院的比较优势主要是作为人民民主专政的工具进行刑事打击，以此来贯彻执行中央经济政策。可以说，1949 年以后，法院活动的重心是进行国家政权建设，间接保障计划经济体制的建立。

最高人民法院虽然不直接参与计划经济体制的建立，但计划经济体制的建立却对最高人民法院有深刻影响。新中国成立后的最初几年，中国共产党大力将官僚资本、民族资本经济改造为计划经济。这种经济改造和转变的过程，也直接导致法院的组织设置和参与经济事务能力的变化。

第一，国家财政支付能力的变化影响了法院的组织运作。1950 年 6 月，中共中央提出“为争取国家财政经济状况的基本

---

① 参见唐德华：《民商审判（续）——唐德华文集》，吉林人民出版社 2002 年版，第 4—5 页。

② 参见芮沐：《中华人民共和国成立以来我国民事立法的发展情况》，载《政法研究》1955 年第 5 期。

好转而斗争”①。当时国家财政不足，导致各级法院难以很快建立，已经建立的法院有的被迫精简。1951 年 12 月 20 日，政务院政法委员会、最高人民法院、最高人民检察署、中央法制委员会、中央司法部五个机关实行合署办公。合署办公需要精减人员，其中一部分人员分赴各地法院进行调研。而调研报告显示地方各级法院系统人员不纯，这为随后的司法改革运动埋下了伏笔。司法改革运动对旧司法人员进行了更大规模的改造。②这造成办案人员数量不足，从而再次凸显出法院的积案问题。

大概过了一年，政法五机关不再合署办公。其主要原因也是国家财政支付能力的增加。1950 年国家财政总收入为 65. 19 亿元，总支出 68. 08 亿元，结余-2. 89 亿元；到了 1954 年国家财政总收入增长至 262. 37 亿元，总支出 246. 32 亿元，结余 16. 05 亿元。③ 不难看出，司法改革运动的开展虽然有很重要的政治原因，但经济因素的作用也不容忽视。

第二，社会主义改造运动带来经济所有制的变化，从而引起法院受案类型的变化。1949 年以后开展的社会经济改革运动包括：土地改革运动、镇压反革命运动、“三反”、“五反”运动、农业合作化运动、公私合营等。这些运动的直接后果就是经济所有制发生了巨大变化。在这样的转变过程中，各级法院包括最高人民法院的受案类型和数量都发生了显著变化。

法院在打击经济犯罪方面，早期是惩办破坏金融和进行商

---

① 毛泽东：《为争取国家财政经济状况的基本好转而斗争》（1950 年 6 月 6 日），载《毛泽东文集》（第六卷），人民出版社 1999 年版，第 67—72 页。

② 1950 年 1 月，中国新法学研究院成立。该院的任务是改造过去旧的司法工作人员、律师以及在学校教授法律的教员。参见董必武：《旧司法工作人员的改造问题》（1950 年 1 月 4 日），载《董必武法学文集》，法律出版社 2001 年版，第 26 页。

③ 参见财政部综合计划司编：《中国国家财政收支统计（1950-1983）》，中国财政经济出版社 1985 年版，第 11 页。

业投机的罪犯，后来则是惩办“三反”“五反”中揭发出来的贪污盗窃分子。在民事审判方面，1950 年土地改革以后，所办理的案件大部分是土地山林水利纠纷。但在 1953 年农业合作化后，这类案件大幅下降；公私纠纷在 1952 年“五反”之后下降，劳资纠纷则在 1956 年工商业社会主义改造后不复存在。①

第三，随着各种运动的基本结束，中央开始明确提出：法院必须为经济建设服务。1952 年年底，政务院政法委员会和中央各司法机关在结束司法改革以后，为了准备从司法方面迎接国家有计划的经济建设，就派了几个工作组到工矿区和铁路、水运方面了解情况。1953 年 4 月，第二届全国司法会议在会议决议中提出司法工作必须为经济建设服务。

董必武在多个场合强调了法院在经济建设中的作用：“为配合已经开始的大规模的经济建设，现在就要在一些工厂、矿山开始重点试办，建立工矿的专门法庭。这种法庭建立起来，首先是要跟破坏经济的犯罪分子作斗争，同时也要教育劳动人民遵守劳动纪律。”② “司法方面：要加强有关经济建设的案件如工矿生产、基本建设、铁路运输和资本主义工商业的违法案件的检察和审判工作。”③

与此相适应，1954 年 1 月 30 日，最高人民法院设立了铁路、水上运输审判庭（交通庭），在各省、市法院中设立了 122

---

① 与此类似，美国在 20 世纪 20 年代和 30 年代案件负担急剧增长：当时的禁酒令致使刑事案件和联邦民事案件（主要是没收和罚款）都有大规模增长。禁酒时期的结束，致使案件负担发生了同样程度的急剧减少。参见［美］波斯纳：《联邦法院：挑战与改革》，邓海平译，中国政法大学出版社 2002 年版，第 91 页。

② 董必武：《论加强人民司法工作》（1953 年 4 月 11 日），载《董必武法学文集》，法律出版社 2001 年版，第 158—159 页。

③ 董必武：《进一步加强经济建设时期的政法工作》（1954 年 3 月），载《董必武法学文集》，法律出版社 2001 年版，第 173 页。

个经济建设保护庭（组）。[①] 当时，法院在城市主要是与不法资本家进行斗争；在乡村则是保障互助合作运动的发展。此外，“法律要下矿”，也就是法院要认真处理有关工矿生产的刑事和民事案件。

但经济建设自身的重要性，压制了让政法机关有能力参与经济建设的积极性。在资源有限的情况下，资源必然优先用于经济建设，而不是法院建设。特别是法院缺编缺人的问题，“编制问题每次开会都会提出来，解决这问题需要时间，不能马上解决。今后还会遇到许多困难问题，因为经济建设需要人更多，而经济建设比政法建设更重要，没有经济建设什么吃饭穿衣都谈不上，所以政法建设必须服从经济建设的需要，法院和检察院所需编制恐不能在短期内全部解决，不能解决的就放一放”[②]。

即使是法院为适应经济建设成立了铁路、水上运输审判庭，但由于经济结构发生变化，并没有实现有限资源的优化配置。由于没有太多的经济纠纷需要处理，1957 年 9 月 7 日，国务院发布《关于撤销铁路、水上运输法院的决定》。最高人民法院交通庭也随即撤销。

1956 年以后，国家对农业、手工业和资本主义工商业的社会主义改造基本完成。全国经济采取高度集中的计划管理，农村实行公社化，推行产品经济，缺乏市场机制。产、供、销等经济合同纠纷，也相应采用行政办法解决。与此同时，全国工作的重心也一直未能转到经济建设上。这样，旨在调节计划经济关系、维护计划经济秩序的经济审判工作也就未能开展。由

① 董必武：《司法工作必须为经济建设服务》（1955 年 7 月 3 日），载《董必武法学文集》，法律出版社 2001 年版。

② 董必武：《认真贯彻执行法院组织法和检察院组织法》（1954 年 11 月 19 日），载《董必武法学文集》，法律出版社 2001 年版，第 239—240 页。

此可以说，在计划经济体制下，最高人民法院对经济的影响比较有限。

政法治理功能的形成

最高人民法院虽然对经济的影响有限，但其大量的工作是通过打击犯罪来保卫国家政权。法院尤为强调讲政治，因此，走群众路线就十分重要。1951 年 9 月 5 日的《人民日报》社论就形象地描述了当时的司法工作特点：

> 人民法院的审批制度和工作作风，是便利群众、联系群众、依靠群众的，是为人民服务的。它决不单凭诉状、供词与辩论来进行审判：而着重于实地的调查研究，了解案情的全部真相和充分证据，然后才依法判决。因此，它常常根据各种不同案情的需要，而采取必要的就地审判、巡回审判、人民陪审等审判方式；坚决废弃反动与落后的主观武断的审判方式。同时，与一切消极地等待诉讼和单纯惩罚等反动与落后的法院制度相反，我们的人民法院一向重视并采用各种方法，进行关于法纪的宣传教育工作。它不仅教育人民减少犯罪，减少纠纷；而且教育人民积极地参加新社会的建设，人民法院向来把关于司法的宣传教育工作看作审判制度的一个重要的组成部分，进行法纪宣传教育的结果，将大大地提高广大人民群众的觉悟，使人民群众能够预防犯罪和纠纷的发生，因此也就使

> 司法工作从被动引向主动，从消极引向积极。①

法院走群众路线的主要表现就是参加运动。正如董必武所说：“大家都知道，凡属大规模运动一开始，许多机关工作人员都投入运动，机关本身的工作，除必要的和必需进行的外，其他的一般工作差不多都停了。”② “许多事情都是以群众运动方式搞起来的，到目前为止，我们还在搞运动。……运动一来，原来的工作计划就变了。运动本身，一方面改变了原定的工作计划，另一方面促使机关工作的质量进一步提高，并在运动中创造了法律。对我们来说，运动不是障碍、降低了法制工作，而是促进、发展、提高了法制工作。”③

最高人民法院在不同的运动中打击不同类型的经济犯罪。这些经济犯罪大多被冠以“反革命”，称为反革命经济犯罪。这包括：惩办破坏金融和进行商业投机的罪犯，惩办“三反”“五反”中揭发出来的贪污、盗窃分子。1952 年 2 月 1 日，最高人民法院还成立临时法庭在北京举行公审大贪污犯大会。在这一时期，打击反革命经济犯罪是巩固国家政权的需要，比较强调对国家财产的保护：

> 为了要贯彻保护国家财产和经济建设的基本任务，各级人民司法机关必须对破坏或侵害国家财产和破坏经济建设的罪犯，更须给予无情的镇压。对其他各种破坏或侵害国家财产、或破坏经济建设的罪行，均应

---

① 《加强与巩固人民革命的法治》，载《人民日报》1951 年 9 月 5 日。

② 参见董必武：《在第二届全国检察工作会议上的讲话》（1954 年 3 月 29 日），载《董必武法学文集》，法律出版社 2001 年版，第 180 页。

③ 参见董必武：《目前中国的法律工作概况》（1955 年 9 月 8 日），载《董必武法学文集》，法律出版社 2001 年版，第 311、312 页。

> 分别轻重首从，给予应得的惩罚和处分；而为了正确地实行保护国家财产和经济建设的经济政策，必须认真地纠正某些地方司法机关中一部分人员的上述各种错误观点。①

大致来说，1949 年以后，最高法院更为突出强调司法与政治的关系。沈钧儒就指出："我们人民司法工作必须积极地为政治服务，必须与当前的政治中心任务与群众运动相结合。在各种中心任务与运动中，各地领导机关应把司法工作组织进去，注意运用这一武器，使中心工作做得更好。司法机关本身尤应积极主动配合中心任务与运动，充分发挥人民司法的作用。"②

也因此，法院审判在当时更看重法官的政治素质。在 1949 年 11 月组建的最高人民法院委员会中，17 名委员大体上包括军事干部、中共负责法务的干部、工青妇社团干部、教授和律师。沈钧儒为最高人民法院院长，吴溉之（原中国人民解放军总部军法处长）、张志让（教授）为副院长，陈绍禹（中共中央法律委员会主任）、朱良才（中国人民解放军华北军区政治部主任）、冯文彬（新民主主义青年团中央书记处书记）、许之桢（中华全国总工会常务委员）、李培之（中华全国民主妇女联合会执行委员）、费青（教授）、贾潜（司法工作者，原华北人民政府司法部副部长）、王怀安（原东北人民政府司法部秘书长）、陈瑾昆（司法工作者，原华北人民法院院长）、吴昱恒（律师）、闽刚侯（律师）、陆洪仪（律师）、沙彦楷（律师）、俞钟

① 参见陈绍禹：《关于目前司法工作的几个问题》，载中国人民大学刑法、民法教研室：《中华人民共和国法院组织 诉讼程序参考资料》第一辑，中国人民大学 1953 年版，第 179 页。

② 沈钧儒：《加强人民司法建设　巩固人民民主专政》，载《人民日报》1951 年 10 月 30 日，第 1 版。

骆（律师）为委员。

这样的人事安排反映出新旧司法人员的结合，以及群众性司法知识和专业化司法知识的平衡。但总的趋势是，政治素质高的人员被优先提拔。最高人民法院的人员基础来自原华北人民法院。不久，又从各方面调配干部，主要是从人民解放军中抽调若干老干部，并吸收了一部分青年知识分子。在进行司法改革运动之后，政治标准成为法官最重要的标准。

对政治性的强调，意味着法官必须走群众路线。而在政治运动中建立起来的人民法庭，就是走群众路线的最好形式。群众也加入审判活动中，由于群众更关注于事实，包括最高人民法院在内的各级法院都要进行事实审，这也就成为法院走群众路线的基本体现。

不过，过于强调走群众路线，就可能会难以重视审判人员的专业化问题，因为专业化的核心是：问题最好由专家来处理。① 1949 年以后的最初几年，司法干部的专业化问题也曾经被提出来。1953 年 4 月 11 日，史良在第二届全国司法会议上的报告中指出："为使司法干部、特别是审判员的专业化，今后应尽可能减少审判员和法院主要干部的流动性。有些地区尚不善于运用和发挥法院的审判工作的作用来保证和推动中心工作，往往把司法干部调离法院去单纯'搞中心工作'，结果既未能以审判工作来'结合中心'，而且又妨害和削弱了法院的审判效能，徒增积案和群众的不满。此种现象，今后应予以纠正。"②

1954 年 12 月 7 日，最高人民法院和司法部联合发布《关于

① 关于这一矛盾的深入分析，参见［美］詹姆斯·R. 汤森、布兰特利·沃马克：《中国政治》，顾速、董方译，江苏人民出版社 2003 年版，第 112、113 页。

② 史良：《关于加强人民司法工作建设的报告》，载武延平、刘根菊等编：《刑事诉讼法参考资料汇编》（中册），北京大学出版社 2005 年版，第 758 页。

学习贯彻中华人民共和国人民法院组织法的指示》。其中指出：法院应该运用自己的特有职能——"通过审判活动"来为社会主义建设服务，为国家各个时期的中心工作服务。如果法院干部离开审判工作岗位去参加中心工作，就失去法院的特有职能，必将消弱审判工作为中心工作服务的作用。

但随着国家形势的变化，法院更加强调为巩固国家政权服务。因此，也更加强调司法干部的政治素质。不论问题大小，都要通过走群众路线来解决，甚至走到事物的反面。在"大跃进"时期，最高人民法院也进行司法工作大跃进：司法干部参加生产，才能保卫生产，审判工作必须和生产劳动相结合。①

除了贯彻群众路线以外，最高人民法院还通过政治宣传来强化法院在国家治理中的作用。从某种程度来说，在那一时期，"社论治国"比"依法治国"更具有象征意义。以《人民日报》为例，其发表的社论包括：为配合第一届全国司法会议召开，在 1950 年 8 月 26 日发表《系统地建立人民司法制度》；为配合《人民法院暂行组织条例》的通过，在 1951 年 6 月 5 日发表《加强与巩固人民革命的法治》；为配合司法改革运动，在 1952 年 8 月 17 日发表《必须彻底改革司法工作》；为配合第二届全国司法会议召开，在 1953 年 5 月 14 日发表《加强国家建设时期的人民司法工作》；为配合政务院批准政法委员会的报告，在 1954 年 3 月 30 日发表《进一步加强经济建设时期的政法工作》；在 1954 年 9 月 4 日发表《司法工作必须为经济建设服务》。由此，主要是在最高人民法院推动下，《人民日报》所发表的一系列社论，也就成为各级法院学习的重要文件。

不论是贯彻群众路线还是进行政治舆论宣传，这些都清楚

① 参见《最高人民法院、司法部关于总结建国十年来人民司法工作经验的意见》，载《人民司法》1959 年第 1、2、3 期。

表明了最高人民法院的政治意识和政治立场，也强化了最高人民法院在国家政权建设和经济建设中的作用，从而使其具有了政法治理的功能。

相关权力的横向分配

实际上，最高人民法院刚成立时就有很强的政法特性。1949 年春天，中共中央发布《关于废除国民党的六法全书与确定解放区的司法原则的指示》。作为旧的国家机器，国民党时代的法院在很短的时间内被打碎。1949 年 10 月 22 日，最高人民法院在原华北人民法院的基础上成立，由中央人民政府委员会领导。

1950 年 5 月 3 日，最高人民法院、司法部联合发布《关于审级诸问题的批复》。其中规定："法院的领导问题，目前应为双重领导，它是同级政权中的组成部分之一，应受政府委员会及其主席之领导，但在审判上，上下级法院，应有垂直领导关系，一般案件之终审判决权属于最高人民法院分院，但分院对于政策性的重大的或疑难的案件，应事先向大行政区人民政府或军政委员会主席请示意见，或送请决定后，再以法院名义判决。" 1949 年以后的最初几年，法院系统实行双重领导体制。1951 年 9 月 3 日通过的《人民法院暂行组织条例》也规定："下级人民法院的审判工作受上级人民法院的领导和监督"，"各级人民法院（包括最高人民法院分院、分庭）为同级人民政府的组成部分，受同级人民政府委员会的领导和监督"。直到 1954 年通过《人民法院组织法》，双重领导体制才有所改变。当时的最高人民法院，由全国人民代表大会产生，向它负责并报告工作。并且，不再强调上级法院对下级法院的领导。

从最高人民法院与中央各机关的横向关系来看，其相对处于弱势地位。虽然《人民法院组织法》对最高人民法院有专门规定，但法院的权力边界，只有在其与政法委员会、司法部、最高人民检察署和公安部等其他政法机关相互博弈的过程中才展现出来。

而且，当时更为强调通力合作。沈钧儒就讲："在目前情况下，我们尚不宜于过分强调部门间的精细分工，不应有本位主义的'成绩思想'与'唯职权论'。这些偏向对于通力合作都有妨碍。"① 董必武在第一届全国司法会议上也说："在这次会议中，有四个机关准备作报告，这些报告，虽由个别同志来作，但报告的内容，都是经过这些机关的司法工作者共同商讨了的，并不是哪一个报告就是代表哪一个机关的意见，而是共同的意见。"②

当时，全国法院的司法行政事务管理主要是由政务院负责，最高人民法院则起配合作用。1950 年 11 月 3 日，政务院发布《关于加强人民司法工作的指示》。这是政务院在第一次全国司法工作会议后针对人民司法工作的建设所作的指示。此外，1950 年 7 月 14 日，政务院通过《人民法庭组织通则》；1952 年 3 月 21 日，政务院通过《关于"五反"运动中成立人民法庭的规定》；1952 年 3 月 28 日，政务院通过《关于"三反"运动中成立人民法庭的规定》。这些文件的出台表明，政务院在人民法庭的建立过程中发挥了主要作用。

政务院有时还与最高人民法院联合发布指示，来动员全国

---

① 沈钧儒：《加强人民司法建设 巩固人民民主专政》，载《人民日报》1951 年 10 月 30 日，第 1 版。

② 董必武：《要重视司法工作》（1950 年 7 月 26 日），载《董必武法学文集》，法律出版社 2001 年版，第 42—43 页。

力量完成某些工作。1950 年 7 月 23 日，联合发布《关于镇压反革命活动的指示》；1950 年 10 月 13 日，联合发布《关于人民司法机关迅速清理积案的指示》；1955 年 12 月 29 日，联合发布《关于判处徒刑的反革命分子准许上诉的通知》。这表明，最高人民法院的不少工作不仅需要与政务院相互配合，更需要得到政务院的支持。

具体来说，司法部是全国法院行政管理的枢纽。依照 1954 年《人民法院组织法》第十四条的规定，各级人民法院的司法行政工作由司法行政机构管理。这也是践行审判与司法行政分立的原则。司法行政机关的工作范围是：管理法院的设置和编制、干部教育与管理、组织制度、审判政策、法律宣传、司法统计和财务工作以及领导律师和公证等工作。①

第一次司法改革就是在政务院和政务院政法委员会领导下，由司法部牵头搞起来的。② 最高人民法院的很多文件也是与司法部联合发布的，因此部院关系紧密。如表 2.1 所示：

表 2.1　最高人民法院与司法部联合发布的文件（1950—1959）③

时间	名称/内容
1950 年 1 月 19 日	《关于建立报告制度及呈送各地司法资料的通令》
1950 年 2 月 15 日	《关于建立与健全司法统计工作的通令》
1950 年 5 月 3 日	《关于审级诸问题的批复》
1950 年 5 月 3 日	《对上海市人民法院所提各项问题的批复》

① 参见魏文伯：《对于〈中华人民共和国人民法院组织法〉基本问题的认识》，载《中华人民共和国审判法参考资料汇编》第二辑，北京政法学院 1956 年印行，第 254 页。

② 参见史良：《关于彻底改造和整顿各级人民法院的报告》（1952 年 8 月 13 日政务院第 148 次会议批准），载《人民周报》1952 年第 35 期。

③ 相关信息来源于《人民日报》《光明日报》，以及最高人民法院办公厅编：《最高人民法院重要司法文献选编》，人民法院出版社 2010 年版；何兰阶、鲁明健主编：《当代中国的审判工作》，当代中国出版社 1993 年版。

续表

时间	名称/内容
1950年6月22日	《关于审判方针、各级法院、监狱编制、法院领导关系及审级管辖问题的批复》
1950年9月8日	《关于全国司法统计工作决定由司法部统一领导的通令》
1950年11月28日	《关于诉讼费用问题的复函》
1951年2月27日	《关于重订司法工作报告制度的通知》
1951年4月4日	《关于保护国家银行债权的通报（节录）》
1951年4月25日	《关于现役军人与退役革命残废军人离婚案件的处理办法及开展爱国拥军教育的指示》
1951年9月26日	《关于认真执行中央人民政府政务院〈关于检查婚姻法执行情况的指示〉的通知》
1951年10月8日	《关于婚姻案件中聘金或聘礼处理原则的指示》
1951年10月11日	《关于检查司法干部思想作风及对干涉婚姻自由杀害妇女的犯罪行为开展群众性司法斗争的指示》
1952年3月19日	《关于“三反”运动的综合通报》
1952年7月30日	《关于开展司法改革运动宣传教育工作的通知》
1952年8月2日	《对本院华东分院〈清理积案中改造旧法观点的几个问题的综合报告〉的通报》
1952年10月13日	《关于平原省司法改革会议贯彻情况的通报》
1952年12月4日	《关于安徽省人民法院全面开展群众性的清案办案工作情况报告的通报》
1952年12月31日	通报介绍湖南省湘潭县巡回审判站的工作经验
1953年1月23日	《关于法院错误处理革命军人婚姻问题的通报》
1953年2月11日	《关于几个有关婚姻的具体问题的解答》
1953年2月27日	指示要求各级法院积极参加贯彻婚姻法运动
1953年3月7日	《关于“五代内”的解释的复函》
1953年5月22日	《关于犯人在刑满释放后复权问题的批复》
1953年5月28日	《关于普选中人民法庭工作的指示》

续表

时间	名称/内容
1953 年 6 月 11 日	《关于有期徒刑最高年限的批复》
1953 年 8 月 31 日	《关于执行第二届全国司法会议决议的指示》
1953 年 9 月 29 日	《关于各地人民法院对于被判处死刑的反革命分子应于执行死刑后及时通知其家属的通报》
1953 年 10 月 19 日	《关于普选人民法庭判决上诉问题的修正通知》
1953 年 11 月 13 日	《关于从司法方面保障执行粮食计划供应和计划收购的指示》
1954 年 1 月 4 日	《关于破坏粮食收购案件如何处理问题的批复》
1954 年 6 月 10 日	《关于欠税案件的处理及计算滞纳金的解释的通知》
1954 年 6 月 29 日	《关于无期徒刑和刑期较长之有期徒刑人犯是否可以改判及改判后刑期应自何日起算问题的指示》
1954 年 9 月 30 日	《关于"改判"与"减刑"的法律解释问题的函》
1954 年 10 月 14 日	《关于"社会渣滓"是否有上诉权问题的函》
1954 年 10 月 7 日	《关于学习与贯彻〈中华人民共和国人民法院组织法〉的指示》
1955 年 1 月 20 日	《关于各运输法院所审理的案件今后直接上诉到最高人民法院的联合通知》
1955 年 2 月 4 日	《关于贯彻执行两审终审制的通知》
1955 年 4 月 1 日	《关于从司法方面保障农业生产和粮食购销工作顺利进行的指示》
1955 年 10 月 15 日	《关于加强司法工作保障农业合作化运动的指示》
1956 年 5 月 19 日	《关于司法工作对保障农业合作化与农业生产的顺利发展的指示》
1956 年 9 月 4 日	《关于人民法院处理选举案件中的几个问题的综合批复》
1956 年 12 月 29 日	《关于目前省、市、自治区高级人民法院和司法厅（局）分工合作的暂行规定（草案）》
1957 年 3 月 19 日	《关于律师参加诉讼中两个具体问题的批复》

续表

时间	名称/内容
1957 年 5 月 24 日	《关于城市中当前几类刑事案件审判工作的指示（节录）》
1957 年 8 月 6 日	《关于死刑缓期执行期满后减刑的刑期计算问题的联合指示》
1959 年 2 月 28 日	通知总结新中国建立十周年来人民司法工作的经验

从表 2.1 不难看出，部院所共同管理的事务不仅有司法行政、审判管理，也涉及定罪量刑的问题。但大致来说，部院之间的关系如时任司法部副部长魏文伯所言："司法行政机关是以组织与改进人民法院的司法行政工作来保证审判工作更好地进行的，所以两者必须密切配合，有些工作还需联合进行。如对有些工作联合发布指示、共同召开会议、联合组织工作检查组，这样做会有效地推动下级人民法院的工作。"①

同时，1954 年 8 月 13 日，司法部发布《关于各省与中央直辖市审判机关与司法行政机关分立问题的意见》，其中指出："各高、分院和各省、市院首先应切实向各级党政建议，由于各省、市法院审判工作本已十分繁重，如继续兼管所属法院干部的管理、教育、训练，组织建设，财务，以及陪审、民间调解、公证、律师等司法行政工作，根据几年来的实践经验证明实难兼顾；同时参照苏联审判与司法行政工作分立的先进经验，今后应尽先将各省、市的审判机关与司法行政机关根据不同具体情况分别先后逐步分立。"这也是强调了司法行政机关与法院职能分工的一面。

不过，在"反右"运动中，司法部党组受到批判。1959 年

① 魏文伯：《对于〈中华人民共和国人民法院组织法〉基本问题的认识》，载《中华人民共和国审判法参考资料汇编》第二辑，北京政法学院 1956 年印行，第 254 页。

4 月 28 日，第二届全国人大第一次会议决定撤销司法部。而在国务院的议案中是这样表述的："几年来，司法部在司法改革、设置人民法院、培养人民法院干部等方面做了许多工作。现在，由于司法改革已经基本完成。各级人民法院已经健全，人民法院的干部已经充实和加强，司法部已无单独设立之必要。建议撤销司法部，原司法部主管的工作，由最高人民法院管理。"①

"文化大革命"结束以后，中央决定恢复司法部。1979 年 12 月 28 日，最高人民法院发出通知："因司法部已正式办公，最高人民法院司法行政厅即行撤销。自即日起，地方各级人民法院的司法行政工作，由司法部管理。"② 然而不到一年的时间，法院的司法行政工作再次划归法院管理。1980 年 8 月 20 日，经中共中央、国务院批准，原由司法部主管的审批人民法院的设置、变更、撤销和拟定人民法院的办公机构、人员编制，协同法院建立各项审判制度，任免助理审判员，以及管理人民法院的物质装备、司法业务费等有关法院司法行政工作事项，由最高人民法院、地方各级人民法院和专门人民法院负责办理。自此，由法院自行管理法院司法行政工作的体制一直延续至今。

司法部将上述权力移交给最高人民法院，这在一定程度上提高了最高人民法院在横向关系（与其他政法机关）中的权力地位，但更为重要的是，最高人民法院也因此在纵向关系中强化了对下级法院的管理。

---

① 《第二届全国人民代表大会第一次会议关于撤销司法部监察部的决议》（1959 年 4 月 28 日第二届全国人民代表大会第一次会议通过）。

② 何兰阶、鲁明健主编：《当代中国的审判工作》（下），当代中国出版社 1993 年版，第 632 页。

对下级法院的管理

经济的现代化、民族的统一和国家政权建设，是摆在新政权面前的重要任务。国家权力的扩张必然要求深入基层和吸收下层的财源，加强对下级的控制。① 为实现现代化，司法体制的架构和运作也是如此。

旧的法院体系被打碎以后，最高人民法院担负着建立全国各级司法体制的任务。对地方机关进行正规化建设是巩固国家政权的有效方式，因此，最高人民法院的工作重心除了审判之外，也包括建设和管理各级法院。这样，最高人民法院就可以有效传达中央政策。

一般来说，最高人民法院主要是通过发布指示、召开会议、派出工作组检查来贯彻中央决策。以发布指示为例，1955 年 3 月 3 日，中共中央、国务院发布《关于迅速布置粮食购销工作，安定农民生产情绪的紧急指示》。同年 4 月 1 日，最高人民法院、司法部联合发布《关于从司法方面保障农业生产和粮食购销工作顺利进行的指示》，要求各地法院把保证春耕生产和粮食购销工作的顺利进行，作为当前的重要任务。为配合农业合作化，1955 年 10 月 15 日，最高人民法院、司法部还联合发出《关于加强司法工作保障农业合作化运动的指示》。

有关召开司法工作会议和组织工作组检查等情况，如表 2.2 和表 2.3 所示：

① 参见［美］杜赞奇：《文化、权力与国家：1900—1942 年的华北农村》，王福明译，江苏人民出版社 2003 年版，第 1—4 页。

表 2.2　全国司法工作会议（1950—1978）①

次数	召开时间	组织单位	主要目的（内容）
一	1950 年 7 月 26 日—8 月 11 日	最高人民法院、最高人民检察院、司法部、法制委员会	初步划清新旧法律和新旧司法制度的界限；明确了人民司法工作当前的主要任务是镇压反革命活动；建立和健全法院组织结构。
二	1953 年 4 月 11 日—4 月 25 日	政法委员会	总结新中国成立三年来司法工作和司法改革运动的经验。
三	1956 年 2 月 20 日—3 月 7 日	最高人民法院、司法部	贯彻中共中央指示，并总结 1955 年肃反斗争中审判工作经验。
四	1958 年 6 月 23 日—8 月 20 日	最高人民法院、司法部	检查新中国成立八年来（主要是《宪法》和《人民法院组织法》公布实施以来）的工作，其中着重检查了这一时期最高人民法院和司法部的工作。
五	1960 年 2 月 11 日—2 月 27 日	最高人民法院	肯定 1959 年法院系统“反右倾”斗争的“成绩”，提出审判工作要更好地保卫党的总路线、大跃进、人民公社；要求人民法院与公安、检察机关大搞“协作”。
六	1962 年 10 月 31 日—11 月 12 日	最高人民法院	通过《关于在当前对敌斗争中的审判工作的任务》《关于人民法院工作若干问题的规定》《人民法院工作试行办法》等文件。

① 1983 年召开第九次会议，但改名为“全国法院工作会议”，原因是“司法会议”这个名称包含的范围较广。参见郑天翔：《关于召开法院院长会议有关问题给陈丕显的信》（一九八三年十一月九日），载《郑天翔司法文存》，人民法院出版社 2012 年版，第 72 页。

续表

次数	召开时间	组织单位	主要目的（内容）
七	1965 年 12 月 15 日—1966 年 1 月 8 日	最高人民法院	通过学习毛泽东思想，交流经验，促进法院工作革命化，全面、正确地贯彻执行中共中央依靠群众实行专政、少捕、矛盾不上交的方针。
八	1978 年 4 月 24 日—5 月 22 日	最高人民法院	联系司法战线的实际，深入揭露林彪、“四人帮”破坏人民法院的反革命罪行，分清路线是非；确定新时期人民司法工作的任务。

表 2.3　视察团、工作组与现场会（1950—1958）①

时间	事由
1950 年 5 月	最高人民法院会同最高人民检察署、法制委员会和司法部先后组织两个视察团，到东北的沈阳、吉林、松江、辽东和旅大地区及华北的天津、唐山、沧县等地视察。
1951 年 3—4 月	最高人民法院会同最高人民检察署、司法部组织联合视察团，分赴华东、西北等地视察“镇反”工作。
1951 年 10 月 23 日至 24 日	最高人民法院会同最高人民检察署、司法部、内务部等 19 个单位派出干部组成中央检查组，分赴华东、中南、西北、华北四大行政区检查《婚姻法》执行情况。
1953 年 5 月	最高人民法院和司法部组织工作组赴唐山市工矿区基层法院进行工矿法庭试点，组织工作组赴山东省济南市、历城县进行普选人民法庭试点。
1955 年 2 月中旬	最高人民法院派出两个工作组，分赴山东、江苏、吉林、黑龙江等地收集各级人民法院现行诉讼程序的实际资料。
1955—1956 年肃反时期	最高人民法院会同司法部陆续派出工作组到部分省、市、自治区检查当地人民法院的审判工作。

① 参见《华北东北区司法工作视察团完成视察计划返京》，载《光明日报》1950 年 6 月 4 日，第 1 版；何兰阶、鲁明健主编：《当代中国的审判工作》，当代中国出版社 1993 年版，第 592、594、597、601、605、606、609 页。

续表

时间	事由
1958 年 10 月 25 日至 30 日	最高人民法院、司法部在河南省郑州市召开全国司法工作现场会议，交流司法工作保卫人民公社、保卫钢铁生产、保卫中心工作的经验。

当然，法院司法行政工作的管理，主要还是通过下级法院送报告的制度来实现的："为了使司法机关上下通气，关于下级人民法院送报告的问题，可以采取以下办法：下级人民法院对有关审判工作的报告主送上级人民法院、抄送上级司法行政机关；对有关司法行政工作的报告主送上级司法行政机关、抄送上级人民法院；工作计划、综合报告、总结报告同时主送上述两个机关。"①

报告也包括案件请示。最高人民法院会对下级法院的案件请示进行答复。这在当时被认为对密切上下级关系、交流经验、正确处理重大或疑难问题，避免错误缺点，以及提高干部素质和改进工作都有很大的好处。② 在后来的几十年当中，最高人民法院制定过不少文件来规范案件请示问题，但案件请示始终存在。③ 这实际上与中国法院体制的行政化或者科层制属性有关。

① 参见曹杰、王汝琪、刘方、王业媛：《学习〈中华人民共和国人民法院组织法〉的体会》，载《中华人民共和国审判法参考资料汇编》第二辑，北京政法学院 1956 年印行，第 277—278 页。

② 《关于目前司法工作的几个问题（1950 年 7 月 27 日中央人民政府政务院政治法律委员会副主任兼中央人民政府法制委员会主任委员陈绍禹在第一届全国司法会议上的报告）》，载《中华人民共和国审判法参考资料汇编》第二辑，北京政法学院 1956 年印行，第 82 页。

③ 例如，《最高人民法院关于改进请示解答工作的函》（1958 年 9 月 19 日）、《最高人民法院办公厅关于改进解答问题工作的通知》（1964 年 9 月 11 日）、《最高人民法院办公室关于请示问题的通知》（1973 年 11 月 7 日）、《最高人民法院关于报送民事请示案件有关问题的通知》（1985 年 3 月 28 日）、《最高人民法院经济审判庭关于请示问题应当注意的事项》（1990 年 10 月 29 日）。

正如江华所言：这种请示的办法都是行政办法。①

为了巩固国家政权，让下层政权与中央保持一致，需要建立现代官僚体制或科层制。马克斯·韦伯认为，达到这一目的需要三个条件：官员有可靠薪金；职业稳定并有晋升机会；官员有明确职位感，下级服从上级。② 法院体制作为国家政权的重要组成部分，也是按照这样的要求建立起来，这是一种上下一体、下级服从上级的权力体制。

这样的法院体制优势是保证权力上下一体，能够巩固国家政权，但劣势则是难以突出初审法院和上诉法院、法律审和事实审的区分。1949 年以后的最初几年，上诉审法院只进行法律审的原则并没有被明确反对。但后来在 1956 年 4 月 14 日司法部的通知中明确指出，上诉审法院不作实体审有若干片面性和危险性：

> “事实是根据，法律是准绳”才是正确地适用法律，从而得到正确判决。上诉审的任务，是使一审事实不清或适用法律不当的判处，经过上诉能够得到切实而有效的纠正，它在通常审理程序（不包括监督程

---

① 江华：《改革司法工作 更好地为社会主义经济建设服务》（1980 年 8 月 16 日），载最高人民法院办公厅编：《最高人民法院历任院长文选》，人民法院出版社 2010 年版，第 194 页。

② 按照马克斯·韦伯的分析，最理性的官僚制具有以下决定性的特征：（1）职员具有人格自由，仅仅服从其官位的非人格性职责；（2）官位有明确的等级体制；（3）对官位的职能有明确的规定；（4）在契约的基础上任命官员；（5）官员的选任以专业资格为条件；（6）他们领取货币工资，并一般有退休津贴，其工资依其在等级制中的地位高下划分等级，官员有权随时离职，在特定情况下也可以被解职；（7）官员的职位是其唯一的或主要的职业；（8）存在晋升阶梯，升迁可以凭年资，也可以凭功绩，这些都依靠主管人的评判；（9）官员不得非正当地占用其得到的职位或资源；（10）官员服从于划一的控制与纪律制度。参见［德］马克斯·韦伯：《支配社会学》，康乐、简惠美译，广西师范大学出版社 2014 年版，第 20—25 页。

序）中，是保证人民法院对所审理的上诉案件，确切地查清事实。有些事实不清或根据不足的案件，并不是光靠审阅案卷就能发现的，如果上诉审完全不作事实审，就易于产生在事实不清的情况下作出不适当的判决或裁定。当然，这并不是说所有上诉案件都要由上诉审自己来重审，而是指事实不清的案件，有的可发回下级人民法院审理。如认为以自己审理为宜的，则必须自己审理，这种审理即为上诉审，不必作为第一审。上诉审在审理上诉案件时，并可派人调查核对事实，也可以到当地就审。至于事实基本清楚的案件，只是适用法律不当，就可以改判。总之，要求上诉审这一关，必须把事实完全搞清楚，然后依法判决，否则，上诉审将流于形式的危险。①

上级法院与下级法院职能分工的取消，强化了上级法院对下级法院的管理。同时，事实审与法律审混同，以及三审制变成二审制，又进一步加剧了积案问题。

1951 年《人民法院暂行组织条例》决定实行三级二审制，即地方法院为县级人民法院和省级人民法院。县级人民法院为基本的第一审法院，省级人民法院为基本的第二审法院。但 1954 年《人民法院组织法》改为实行四级二审制，即地方各级人民法院分为基层人民法院、中级人民法院和高级人民法院。当初设想实行四级二审制的主要目的是，将大部分案件放在中级人民法院审理，减轻最高人民法院的压力：

---

① 《中华人民共和国司法部通知（56）司办字第三六〇号》，载中国人民大学审判法教研室：《中华人民共和国法院组织诉讼程序参考资料》第六辑，中国人民大学 1957 年印行，第 202 页。

> 最高人民法院监督地方各级法院和专门法院的审判工作，上级法院监督下级法院的审判工作。而中国疆域辽阔，省的地区也较大。所以我们必须减少最高人民法院和高级法院的第二审案件，加强最高人民法院全国性的监督工作，并加强省级法院对下级法院的监督。因此，我们必须在省级法院下设中级法院，而建立四级法院的体系。案件的上诉审级过多足以使案件发生拖延现象。这对一般人民群众，特别对劳动人民是不利的。所以我们实行二审终审制。同时，我们还必须健全各级法院的制度，特别加强基层法院和中级法院的建设，因为基层法院和中级法院是审判绝大多数第一审和第二审案件的法院。①

但四级二审制并没有解决最高人民法院案件审理过多的问题。② 虽然到最高人民法院的上诉审减少了，但再审案件大大增加。《最高人民法院一九五六年工作报告》中就指出："本院一九五六年受理的各种申诉数量很大，单是本院全年办理的当事人不服各级人民法院已经发生法律效力的判决或裁定的申诉即达五千零八十三件，大大超过本院同一时期受理的上诉、复核等案件。处理申诉工作在实际上已成为本院对下级人民法院实行审判监督的一项重要工作。"③

1957 年《关于最高人民法院工作的报告》也再次重申了这

① 张志让：《宪法颁布后的中国人民法院》，载《政法研究》1954 年第 4 期。

② 参见沈钧儒：《人民法院工作报告》（1950 年 6 月 17 日），载《沈钧儒文集》，人民出版社 1994 年版。

③ 参见董必武：《最高人民法院一九五六年工作报告》（1957 年 3 月 9 日），载《董必武法学文集》，法律出版社 2001 年版，第 358 页。

一问题："就最高人民法院来说，从今年1月至5月底，即受理了来信申诉六千零六十六件，来访申诉一千二百八十四人次。1957年头五个月的申诉比去年一年的还多。这是最高人民法院一项极为繁重的工作。申诉之所以这样多，主要原因还不是由于法院办案质量不高，而是由于申诉与上诉不同，当事人向最高人民法院提出申诉的案件，既没有时间上的限制，也没有审级上的限制。"①

总的来说，为了巩固国家政权建设，法院系统主要是按照科层制或更准确地说是民主集中制的原则建立的。民主集中制的重点是下级服从上级、地方服从中央。所有的政法机关也都是按照这一原则组织运作，从而确保党中央的集中统一领导。②而事实审是上级法院强化对下级法院管理的一种有效方式。但上级法院也实行事实审加剧了积案问题。虽然四级二审制的推行是为了解决积案问题，但这与上级法院进行事实审加剧积案问题的效果相抵消。由此，在法院系统中，上级与下级、中央与地方始终存在着紧张关系。③

---

① 参见国务院法制局、中华人民共和国法规汇编编辑委员会编：《中华人民共和国法规汇编（1957年7月—12月）》，法律出版社1958年版，第273页。

② 参见侯猛：《当代中国政法体制的形成及其意义》，载《法学研究》2016年第6期。

③ 有关中国中央与地方关系的论述，参见毛泽东：《论十大关系》（1956年4月25日），载《毛泽东文集》（第七卷），人民出版社1999年版，第23—44页。

第 3 章　最高人民法院如何影响下级法院

最近一轮司法改革主要在两个方面改变了现有的法院体制：一是实现省以下法院、检察院人财物统一管理，二是最高人民法院在全国设立六个巡回法庭。最高人民法院在这两个方面（特别是第二个方面）实现了对法院体制的重新塑造。法院体制中的央地关系、条块关系也出现了新的变化，甚至会是根本变化。本章主要以巡回法庭为研究对象，讨论最高人民法院如何调整与下级法院的关系，如何通过巡回法庭来影响巡回区内的法院，如何实现从巡回区的司法统一到全国的司法统一。

2018 年 10 月 26 日修改的《人民法院组织法》第十九条规定："最高人民法院可以设巡回法庭，审理最高人民法院依法确定的案件。巡回法庭是最高人民法院的组成部分。巡回法庭的判决和裁定即最高人民法院的判决和裁定。"目前，最高人民法院在全国划分了六个巡回区，分别在沈阳、深圳、南京、郑州、西安、重庆设立了巡回法庭。依照 2016 年 12 月 19 日修改的《最高人民法院关于巡回法庭审理案件若干问题的规定》（以下简称《巡回法庭规定》），巡回法庭受理巡回区内相关案件，主要是审理二审和申请再审的行政、民商事案件，办理巡回区内向最高人民法院提出的来信来访事项，通常称为涉诉信访案件。最高人民法院本部只受理北京、天津、河北、山东、内蒙古五省区市有关案件，通常情况下不再审理或办理其他巡回区的相关案件。也就是说，本部的大部分二审和申请再审的行政、民商事案件，涉诉信访案件，都交由六个巡回法庭审理或办理。

傅郁林曾在巡回法庭设立初期不无乐观地预测："通过巡回法庭的跨区结构设计，以省级统管的新司法体制为依托，再以逐步建立的跨行政区司法为支撑，可能歪打正着地形成一种单一制国家结构之下的'司法联邦'。"① 那么，是否可以将这一现象称为司法联邦制？以及如何评价这一法院体制新结构的实际效果？这些都需要做细致的梳理和评估。

最高审判权的多空间分布

联邦制与单一制是国家结构形式的两种基本类型。② 例如，中国、法国是单一制国家，强调中央集权；美国、德国是联邦制国家，强调中央与地方的严格分权。中国虽然是单一制国家，但在保证中央集中统一领导的前提下，也会注重发挥地方积极性。③ 在某些特定领域，用制度形式将中央与地方的权力固定下来，这就带有联邦制色彩。例如，基于经济分权而形成的市场

① 傅郁林：《最高人民法院巡回法庭的职能定位与权威形成》，载《中国法律评论》2014 年第 4 期。

② 参见童之伟：《国家结构形式论》（第二版），北京大学出版社 2015 年版。

③ 参见苏力：《当代中国的中央和地方分权——重读毛泽东〈论十大关系〉第五节》，载《中国社会科学》2004 年第 2 期。

保护型联邦制,[①] 基于分税制而形成的财政联邦制,[②] 基于全国人大对地方的执法监督而形成的合作型联邦制。[③]

从这个角度讲，称单一制国家中的司法联邦制也有一定道理。但严格来说，用司法联邦制来归纳司法权力的变化不够精准。例如，中国的司法权被认为是中央事权，也就不存在司法的联邦分权的说法。或许，更准确的描述是作为中央事权的司法权存在非集中化的现象。

这种非集中化主要体现在两个方面：一是省级统管。《中共中央关于全面深化改革若干重大问题的决定》明确提出“改革司法管理体制，推动省以下地方法院、检察院人财物统一管理”。省级统管是因应现实需要。虽然，“司法权从根本上说是中央事权。各地法院不是地方的法院，而是国家设在地方代表国家行使审判权的法院。司法机关人财物应该由中央统一管理和保障”[④]。但是，“考虑到全国法官、检察官数量大，统一收归中央一级管理和保障，在现阶段难以做到，这次改革主要推动建立省以下法院和检察院法官、检察官编制统一管理制度，法官、检察官由省提名和管理并按法定程序任免的机制，探索由省级财政统筹地方各级法院、检察院的经费”[⑤]。除了省一级设立法官遴选委员会以外，法官员额制也是采取以省为单位、

---

① 参见程金华：《分权、政府间竞争与经济发展——概念、逻辑及其批评》，载《法学论坛》2012年第4期。

② 参见王世涛：《论单一制中国的财政联邦制——以中央与地方财政关系为视角》，载《北方法学》2010年第5期。

③ 参见林彦：《合作型联邦制：执法检查对央地关系的重塑》，载《中外法学》2017年第4期。

④ 习近平：《在中央政法工作会议上的讲话》（2014年1月7日），载中共中央文献研究室编：《习近平关于全面依法治国论述摘编》，中央文献出版社2015年版，第78—79页。

⑤ 习近平：《在中央政法工作会议上的讲话》（2014年1月7日），载中共中央文献研究室编：《习近平关于全面依法治国论述摘编》，中央文献出版社2015年版，第78—79页。

以政法专项编制为基数的员额比例，由省级进行动态调整。① 省级统管意味着正在推进的是中央与省两级管理体制，正在改变长期存在的四级分级管理体制。

二是设立巡回法庭，表明最高人民法院将最高审判权下沉分散到六个巡回区，这可以称为最高审判权的多空间分布。设立最高人民法院巡回法庭与省级统管完全不同。省级统管首先改变的是省一级与省以下地方之间的关系。名义上是中央委托省级统管，但中央权力在根本上并没有削减、增加或改变。由于省一级在人财物各方面集中了省以下地方的权力，省一级的权力则大为增加。中央权力没有变化，但省级权力大为增加，这意味着原有中央与省级的关系力量对比已经发生改变。此外，省级统管是指法院的人财物统一管理，这些管理权限主要不是由高级人民法院行使，而是涉及省一级组织人事财政等党政权力的分配。这是政治体制的重大变动，推行的难度和阻力更大。

巡回法庭的设立，涉及的政治体制层面的变动较小，更多呈现出最高审判权多空间分布的格局。巡回法庭代表最高人民法院在六大巡回区行使最高审判权，以加强对地方的统一管理。但巡回法庭分布在全国六大巡回区，有可能会形成一个独立的审级或层级，这种制度在我国古代已有先例。例如汉代开始设立的刺史制度。中央特派专员到地方来调查的叫刺史。全国分为十三个调查区，每一个区派一名刺史，平均每一名刺史的调查区域不会超过九个郡。刺史一职后来逐渐演化，明明是中央官派到各地区活动巡视观察，实际上则常停驻地方，成为地方

① 参见胡仕浩：《论人民法院“全面推开司法责任制改革”的几个问题》，载《法律适用》2016 年第 11 期。

更高一级之长官。①

更类似的制度安排是 20 世纪 50 年代设立的最高人民法院大区法院。当时最高人民法院在全国相继设立六个大区分院：东北分院、西北分院、华东分院、中南分院、西南分院和华北分院。1951 年的《人民法院暂行组织条例》第三十二条规定："最高人民法院得在各大行政区或其他区域设分院或分庭，在其所辖区域内执行最高人民法院的职务。"第三十三条规定："最高人民法院分院、分庭受最高人民法院的领导和监督，在其所辖区域内领导并监督各级人民法院的审判工作。"但同时第十条第二款规定，"各级人民法院（包括最高人民法院分院、分庭）为同级人民政府的组成部分，受同级人民政府委员会的领导和监督"。这就是说，大区分院在业务上受最高人民法院领导，而在人财物管理体制方面，主要受大行政区委员会和中央局的领导。大区分院实际上也成为一个独立审级。

大行政区委员会是中央政府的派出机构，也是一级政府组织。为了加强中央集权，大行政区委员会在 1954 年相继被撤销。② 最高人民法院曾向中央报送《关于撤销各大区分院与加强最高人民法院的意见》，提出适当保留。③ 华北分院即交最高人民法院接管。其他大区分院继续存在，党内委托所在省委领导。④ 但最终大区法院还是随着大行政区委员会的撤销而成为历史。"各分院的干部除个别的调来最高人民法院外，其余绝大多

① 参见钱穆：《中国历代政治得失》，生活·读书·新知三联书店 2012 年版，第 11—12、49—52 页。

② 参见范晓春：《中国大行政区：1949—1954 年》，东方出版中心 2011 年版。

③ 参见何帆：《最高人民法院大区分院往事》，"法影斑斓"微信公号，2015 年 1 月 25 日。

④ 参见《彭真传》编写组编：《彭真年谱（1902—1997）》（第二卷），中央文献出版社 2012 年版，第 465 页。

数充实了各高、中级人民法院。”[①] 大部分省级人民法院的分院、分庭也相应撤销，在原有基础上设立中级人民法院。这样，法院组织设立最高人民法院、高级人民法院、中级人民法院和基层人民法院四级，确立了四级二审制。四级二审制意味着，大部分案件在中级人民法院或高级人民法院即终结。自此以后，所谓的司法地方保护主义的问题也随之而来。[②]

时隔60年，巡回法庭的设立，又是为了克服司法地方保护主义。这也是一种否定之否定。不过，巡回法庭与大区法院虽有共性，但仍有很大不同。在管理体制上，巡回法庭不是由同级地方党政机关领导，这与大区法院接受大行政区委员会和中央局领导有根本区别。巡回法庭设立在各大巡回区，至少在司法业务上会削弱法院的地方管理，强化法院系统内的上下级管理。这是因为最高审判权的多空间分布，客观上会让巡回法庭成为一个相对独立的组织而存在。

巡回区内的司法统一

依照现代西方司法原理，统一司法的任务由上诉审法院来完成。例如，在美国，由联邦巡回法院和最高法院两级上诉审法院来实现司法统一。上诉审法院的主要任务不是事实发现和认定，而是统一法律解释与适用，实现“规则之治”。[③] 因此，统一司法或司法统一是指法律适用的统一，而且是通过裁判实现法律适用的统一。但我国最高人民法院的情况有所不同。其

---

① 董必武：《最高人民法院自第一届全国人民代表大会第一次会议以来的工作》（1955年7月3日），载董必武：《董必武法学文集》，法律出版社2001年版，第264页。

② 参见刘忠：《司法地方保护主义话语批评》，载《法制与社会发展》2016年第6期。

③ 参见陈杭平：《统一的正义：美国联邦上诉审及其启示》，中国法制出版社2015年版，第37—44页。

实现法律适用统一的方式，除了裁判案件以外，主要是司法解释。那么，巡回法庭有没有可能通过裁判和司法解释，首先实现巡回区内的法律适用统一呢？

就现有规定来看，巡回法庭似乎并没有法律适用统一的职权。《巡回法庭规定》不仅没有赋予巡回法庭制定司法解释的权力，第八条还规定："最高人民法院认为巡回法庭受理的案件对统一法律适用有重大指导意义的，可以决定由本部审理。巡回法庭对于已经受理的案件，认为对统一法律适用有重大指导意义的，可以报请最高人民法院本部审理。"这里提到的"统一法律适用"指的是全国范围内的统一法律适用。巡回法庭未经本部批准并不能行使，否则就是越权。

不过，巡回法庭有没有可能实现巡回区内的统一法律适用？20 世纪 50 年代的大区法院曾发挥过大区内统一法律适用的职能，发布了不少具有司法解释性质的意见、指示、批复或通令，在各大区内有效。例如，1951 年 2 月 21 日《最高人民法院华东分院关于出卖子女等问题的指示》规定：

> 皖南人民法院：
>
> 你院 1951 年 2 月 5 日法行统字第 255 号签呈收悉。除关于判决死刑案件是否需要同时宣告剥夺政治权终身的问题，因各处提出的意见极不一致，已转请中央作统一解释，俟得示复再行通报外，兹将所询乙丙两个问题，分别批复，以供参考：（一）关于检察机关对同级人民法院所为之判决，如有异议，所用公文书名称问题：按照中央人民政府最高人民检察署试行组织通则第三条一款二项规定："对各级司法机关之违法判决提起抗议"，既有明文规定，其名称可用抗议书。

（二）关于确因生活困难出卖已生之子女其罪名问题：一般地说，父母没有不爱护子女的，并且法律又规定父母对于子女有养育之义务，非万不得已，即不致发生出卖问题。如有人确是由于自己或家庭贫困所迫，一方面为了自救，另一方面为了子女的生存，而将子女出卖，人民政府对这样行为，首先应是同情其困难，设法帮助克服，除明知将快要成年的女孩出卖为娼妓以外，一般不应作为犯罪问题看待。因此，如果有此项事件发生，我们认为只可用教育方法予以说服教育，不宜肯定有罪。

这份大区法院的指示区分了中央与大区法院各自的解释权限，即一部分问题转请中央统一解释，一部分问题则由大区分院自行批复。笔者在通读大区法院的其他解释性文件后还发现，大区法院在制定这些文件时，或者先行请示最高人民法院和司法部，或者报请同级行政委员会核示，或者征求行政部门相关意见。

类似的，只要巡回法庭对巡回区法院在业务上实行统一管理，就很有可能像大区法院那样制定文件，实现巡回区内法律适用的统一。[①] 实践中，已经出现了一些新变化。例如，时任最高人民法院党组副书记、副院长、第三巡回法庭庭长江必新在三巡行政审判工作座谈会上指出："要充分发挥巡回法庭主审法官联席会议功能，及时研究新类型案件、疑难复杂问题，统一

① 当然，文件名称可以不叫司法解释，可以称为指导性意见或裁判指引。在效力上也不必要求巡回区内各级法院在裁判时援引，而是参照。这与高级人民法院制定指导性意见统一本省区市内的法律适用的方式很是相似。

巡回区司法裁判尺度。”[1] 统一巡回区司法裁判尺度的另一种表述，其实就是统一巡回区的法律适用。

巡回法庭的主审法官联席会议，将来有没有可能通过制定文件来统一巡回区司法裁判尺度？这种可能性不能说没有。巡回法庭举办各种相关活动，包括召开与巡回区司法厅（局）、律师协会座谈会，[2] 与巡回区内法学院校签署合作协议。[3] 同时，巡回法庭也开始建章立规，制定统一管理巡回区内审判辅助、事务性工作和司法行政方面的文件：一方面制定内部规则，涉及案件质量评估、司法业绩考核、错案分析、责任倒查，以及可以公开的内部规则，如《最高人民法院第三巡回法庭巡回审判工作办法（试行）》，建立巡回法庭自己的法律实习生或实习助理制度。另一方面推动巡回区内审判辅助、事务性工作和司法行政工作的统一。例如，时任最高人民法院审委会专职委员、第一巡回法庭庭长刘贵祥在第一巡回法庭巡回区审判业务座谈会上就提出强化巡回法庭的监督指导职能，建立常态化工作机制：[4]

> 在听取三省区高院对本院及本辖区内有关立案信访情况、民商事及行政案件疑难问题以及对第一巡回法庭的意见建议后，……刘贵祥指出，要在现有基础

---

① 《江必新在最高法三巡行政审判工作座谈会上强调：统一巡回区司法裁判尺度，以一流审判业绩迎接党的十九大胜利召开》，载《人民法院报》2017 年 6 月 9 日，第 4 版。

② 《江必新在最高法三巡首次巡回区司法厅（局）、律协工作座谈会上强调：加强社会主义法治工作队伍建设，促进法官与律师正当交往良性互动，共同维护社会公平正义》，载《人民法院报》2017 年 5 月 20 日，第 1 版。

③ 《江必新在最高法三巡与巡回区法学院（校）合作协议签署暨“法治人才基本素养”专题研讨会上强调：坚持正确的法治理论引领，推动理论联系实际，创新法治人才培养机制》，载《人民法院报》2017 年 5 月 21 日，第 1 版。

④ 《刘贵祥在第一巡回法庭巡回区审判业务座谈会上强调：强化巡回法庭监督指导职能，建立常态化工作机制》，载《人民法院报》2015 年 5 月 18 日，第 1 版。

> 上，建立与巡回区法院案件受理的综合性工作联络机制、信息报送机制、对口业务部门联络机制以及巡回审判的保障机制，加强第一巡回法庭与巡回区法院之间、巡回区法院彼此之间的交流联系，形成巡回法院与巡回区法院“一盘棋”理念。刘贵祥强调，要通过不定期下发类型化裁判指引、通报办案质效、改判或提审案件事前沟通、推介优秀法律文书、召开业务座谈会、共同开展调研、组织业务培训等多种方式，加强与巡回区法院的审判业务交流，充分发挥巡回法庭“下沉式”指导的职能作用，促进裁判尺度统一，规范法官自由裁量权。

由此来看，巡回法庭虽然对巡回区法院的人财物没有统一管理的职权，却可以通过裁判实现巡回区裁判尺度的统一。在巡回区法院的审判辅助和司法行政事务方面，巡回法庭已经实现了一定程度的统一管理。

巡回法庭与巡回区法院

如果巡回区内的司法统一管理机制已经开始形成，那么，巡回法庭与巡回区法院的关系将如何理解和定位？

巡回法庭的变化是，率先实行主审法官、合议庭办案负责制，取代原来的案件审批制（领导签批制）。这样从开庭、起草审理报告、提交合议，再到签署裁判文书，每个环节都由主审法官负责。庭领导只能对自己承办的案件和参加合议庭担任审判长审理的案件签发文书。对于未参加审理的案件，庭领导只有审判管理和监督权。当合议庭意见有重大分歧时，承办法官可以提请主审法官联席会议讨论。与此同时，巡回区法院也在推行审判权运行机制改革。由于巡回区法院是在原有组织结构的基础上推进改革，因此，改革阻力和成本要高于新设立的巡回法庭。

巡回法庭在实际运行过程中，非常有可能作出具有普遍法律适用意义的裁判。这样的裁判按照《巡回法庭规定》就是最高人民法院的裁判。因此，从理论上来说，巡回法庭的判决对全国各级法院都有较强的约束力。这与美国不一样，联邦巡回法院只对巡回区内的法院有先例约束力，对巡回区外的法院没有先例约束力。[①] 实际上，巡回法庭具有普遍法律适用意义的裁判，其巡回区所在的各级地方法院最为关注：各级地方法院裁判会受其约束。也因此，巡回法庭才更有可能实现巡回区内法律适用的统一。

目前，巡回法庭的组成人员绝大多数是外调的。每个巡回法庭的主审法官一般有 10—15 名，主审法官配备 1 名法官助理和 1 名书记员。主审法官都是最高人民法院本部派驻过来，或直接从巡回区内的法院调到巡回法庭。多数法官助理是从巡回区内的中级人民法院或高级人民法院中选借的审判员或助理审判员。书记员则更多是在本地招聘的聘用制岗位人员。这反映出短期内巡回法庭与巡回区法院存在人员交叉现象，同时也表明巡回法庭的人员构成存在本地化趋势。

巡回法庭的设立，也使巡回法庭法官与巡回区法院法官的空间距离大大拉近，或者至少感觉到空间距离的拉近。而且，在主审法官制取代案件审批制以后，主审法官往往一个人就能够决定案件的裁判结果。虽然承办案件的主审法官和合议庭成

---

① 参见［美］弗兰克·克罗斯：《美国联邦上诉法院的裁判之道》，曹斐译，北京大学出版社 2011 年版，第 224—225 页。

员随机生成的工作机制已经推行，但这只可能避免分案环节被人为操控，而难以避免在裁判过程中出现问题。简言之，上述因素使得巡回区法院法官与巡回法庭法官有更大可能的寻租风险。

从巡回法庭的组织运作过程来看，其与巡回区法院的联系也更为密切。巡回法庭不仅在巡回区法院所在地的办公大楼开庭，还经常到巡回区内地方各级法院巡回开庭。巡回开庭虽然方便了当事人诉讼，但巡回法庭工作人员却付出了更大成本。例如，2017 年 2 月 24 日，最高人民法院第三巡回法庭到巡回区法院巡回开庭的首起案件，是某民间借贷纠纷申请再审案件。该案双方当事人住所地均在福建省福州市，为了方便双方当事人诉讼，减轻当事人诉累，第三巡回法庭决定在福建省高级人民法院对该案进行公开开庭询问。该案的审判长江必新大法官与主审法官周伦军、汪军因此亲自赴福州开庭。[①] 加上多数时候，还有随行书记员、法官助理、法警等，参加巡回开庭的工作人员至少在 6 人。这种工作成本并不比当事人特别是民商事行政案件当事人的诉讼成本要低。刑事申诉案件的情况可能不太一样。但不管怎样，巡回法庭到巡回区法院进行巡回开庭，会要求所在地法院在各方面给予必要的协助。这已经形成一种常态化模式。

从案件审理机制来看，有的巡回法庭开始推动建立案件审理的协调配合机制，要求巡回区法院及时向巡回法庭报送政策性强、社会影响较大、媒体普遍关注的大要案、敏感性案件以

① 罗书臻、何晓慧：《最高法三巡首入巡回区法院开庭，江必新担任审判长》，载《人民法院报》2017 年 2 月 25 日，第 1 版。

及新类型、疑难复杂案件。[①] 这样，通过提前介入下级法院的案件，巡回法庭也能实现巡回区审判管理的统一。但是，这并不符合上级法院应当通过审级监督下级法院的审判原理。

不符合既有的审判原理的制度是不是就一定有问题？这要看新变化、新趋势。例如，法院的信息化建设对塑造巡回法庭与巡回区法院的关系影响很大。最高人民法院已经建成数据集中管理平台，实现全国法院信息存储、展示、交换、整理，可以对全国法院工作实时观摩、调度和部署。数据集中管理平台每5分钟更新一次全国法院数据，实现案件数据全覆盖。全国法院新收、旧存、已结、未结案件数据，会自动生成、实时汇聚到最高人民法院。[②] 巡回法庭利用这一数据集中管理平台，就可以对巡回区内的地方各级法院进行动态掌握和宏观指导。新近一项信息化制度创新，就是巡回法庭启动巡回区跨域立案的工作机制。对于巡回法庭受理民事、行政申请再审案件，当事人可选择就近的各级人民法院或派出法庭申请办理立案事务。收件法院核对申请人身份信息后，将当事人提交的申请材料扫描或拍照，通过四级法院文件交换系统就可以推送至巡回法庭。这被认为是开创了跨地域、跨法院、跨层级的诉讼服务新格局。[③]

可以说，信息化、网络化建设强化了最高人民法院对下级法院的业务管理。管理更加扁平和快速，而不是传统科层制、逐级请示报告的方式。同时，最高人民法院将以六个巡回法庭作为网络信息汇总的节点，分别管理六大巡回区内的地方各级

① 《刘贵祥在第一巡回法庭巡回区审判业务座谈会上强调：强化巡回法庭监督指导职能，建立常态化工作机制》，载《人民法院报》2017年5月18日，第1版。

② 参见最高人民法院：《中国法院的司法改革》，人民法院出版社2016年版，第42页。

③ 娄银生：《最高法三巡全面实施跨域立案开创全国诉讼服务协作新格局》，载《人民法院报》2017年7月21日，第4版。

法院的相关业务。这有助于促进司法管理和法律适用的统一。

不论从人员组成、巡回开庭、案件审理机制，还是从信息化建设的变化，都可以看出，巡回法庭已经交错嵌入巡回区法院的日常运作过程中。这是一种新型的协作关系。但这种协作关系或协同联动机制，是建立在法院功能无差别、法院一体管理的认知基础之上的。换句话说，不同层级的法院并没有严格区分事实审和法律审，也不存在初审法院侧重事实审、上诉审法院侧重法律审的审判格局。巡回法庭与巡回区法院的协作关系的基础，主要或首先还是围绕事实认定来展开。因此，如果改革还要推进的话，就需要让巡回法庭发挥真正的上诉审功能，来实现司法统一。

通过上诉审统一司法

能不能实现上下级法院初审和上诉审功能的有效分工，将事实审和法律审分开，这是长久以来困扰中国审级制度的重大问题。早在20世纪50年代，董必武就注意到这一问题，他说："大区的法院是最高人民法院，应该是法律审，不应该是事实审，但是，现在事实审很多。他不服就要告，你还能不管？"①而在三审终审制改为二审终审制以后，两级法院就更难做到有效区分事实审和法律审。

直到2014年10月，党的十八届四中全会通过《中共中央关于全面推进依法治国若干重大问题的决定》，提出："一审重在解决事实认定和法律适用，二审重在解决事实法律争议、实现二审终审，再审重在解决依法纠错、维护裁判权威。"这就是

---

① 董必武：《关于人民监察工作》（1954年6月24日），载《董必武法学文集》，法律出版社2001年版，第226页。

试图解决“我国法律对一审、二审定位不清、功能交叉，不利于发挥各个审级功能”的问题。① 而巡回法庭的设立，很有可能会强化其作为上诉审法院注重法律解释和适用的功能，同时作出具有公共政策制定意义的判决。②

首先，从审判团队和合议庭组成人员来看，各巡回法庭庭长均为最高人民法院副院长或副部级审判委员会专职委员，其他主审法官也是最高人民法院的骨干，是优先入员额的法官。以第三巡回法庭为例，刚成立时，包括庭长、副庭长在内的12名主审法官的平均年龄为45岁，平均审判工作经历10年以上，全部具有硕士以上学位。其中，法学博士6人，全国十大杰出青年法学家2人，全国审判业务专家2人。而且，针对华东地区金融、互联网、生态环境保护等新类型案件多的特点，最高人民法院还有意识地选派了具有相关专业背景的法官。

可以说，这些主审法官基本上是实力很强的法律专家群体，作为必要条件，他们更有可能作出具有法律适用的统一意义的判决。而且，审判团队由主审法官、法官助理和书记员组成，分工明确。法官助理和书记员承担审判过程中大量的辅助性、事务性工作，而主审法官则专注于案件审理，特别是更有可能专注法律问题的理解与适用。不过，巡回法庭的内部组织结构已经与传统民庭、行政庭和刑庭的专业分庭制度架构大不相同。主审法官的去专业化色彩明显，这对其应对复杂司法问题的能

---

① 孟建柱：《完善司法管理体制和司法权力运行机制》，载本书编写组：《〈中共中央关于全面推进依法治国若干重大问题的决定〉辅导读本》，人民出版社2014年版，第67页。

② 严格说来，法律适用意义与政策制定意义还是有区别的。前者更强调裁判对法律司法的影响，后者则强调裁判对社会经济生活，大量的潜在利害关系人的影响。参见［日］田中成明：《现代社会与审判——民事诉讼的地位和作用》，郝振江译，北京大学出版社2016年版，第216—230页。

力提出了更高要求和更大挑战。①

其次，巡回法庭的主审法官联席会议能够发挥统一裁判尺度的作用。第二巡回法庭制定的《主审法官会议规则》就规定，凡是涉及法律统一适用和合议庭决定提审或指令再审的案件，都应当报请主审法官会议讨论研究。主审法官会议并不直接干预合议庭审判权的行使，会议作出的纪要原则上仅具有参考性和建议性意义。但当主审法官会议多数意见与合议庭形成意见不一致时，合议庭应当复议；经复议不一致的，庭长将决定是否将案件提交最高人民法院审判委员会讨论决定，以确保重大、疑难、复杂案件司法标准的统一。②

也就是说，对于涉及法律统一适用的案件，如果合议庭和主审法官会议多数意见一致，就不必再提交最高人民法院审判委员会。因此巡回法庭作出的涉及法律统一适用的判决，虽具有全国范围的意义，但主要还是在巡回区内实现裁判尺度的统一。就现有案件审理情况来看，裁判尺度的统一，不仅指法律解释和适用问题的统一，也指事实认定和证据审查的统一。

最后，巡回法庭正在推行的类案检索制度、裁判文书交叉校验制度，以及最高人民法院原有的裁判摘要制度，都能够较快推进巡回区内裁判尺度的统一。类案检索是指主审法官在案件合议之前，会要求助理检索最高人民法院近三年来同一类型案件的裁判情况，报合议庭把握类案裁判尺度。裁判文书交叉校验是指裁判文书写好之后，主审法官请合议庭之外的法官对

---

① 有关司法复杂性的讨论，参见［美］理查德·波斯纳：《波斯纳法官司法反思录》，苏力译，北京大学出版社 2014 年版，第 65—120 页。

② 罗书臻：《瞄准“可复制”当好“排头兵”——最高人民法院第二巡回法庭司法改革探秘》，载《人民法院报》2015 年 10 月 26 日，第 1 版。

裁判的观念和理由进行检验，看是否有明确的法律漏洞。① 在类案检索和裁判文书交叉校验的基础上，巡回法庭法官有可能会在越来越多的判决中形成裁判摘要。这些裁判摘要具有裁判规则形成的意义。②

为了更好实现巡回法庭在巡回区内法律适用统一的功能，还需要做的制度改革是重新配置现有案件的类型比例。目前巡回法庭主要审理二审和申请再审行政、民商事案件，并办理涉诉信访案件。涉诉信访案件的数量占相当多数，但其中多数没有普遍法律适用意义，却需要主审法官花费较多精力办理。在审理案件部分，以第二巡回法庭为例，申请再审案件占审理全部案件的近 80%，而二审案件只占 20%左右。③ 虽然，申请再审案件中具有普遍意义的案件比涉诉信访案件多，但要比二审案件要少。而且，申请再审程序是纠错程序，也较难体现裁判的终局性和法院的公信力。

因此，要实现巡回区内法律适用的统一，必须增加二审案件中具有普遍法律适用意义的案件数量，减少申请再审的案件数量和涉诉信访的案件数量。但目前申请再审案件特别是涉诉信访案件的数量呈现上升趋势，因此巡回法庭的主要精力也较难集中在二审案件。如果这种情况短期内难以改变，可以用这一制度安排替代：巡回法庭制定具有司法解释性质，但名称上未必是司法解释的规范性文件或审判业务文件，从而统一巡回区内相关案件的审理。

---

① 李阳：《深耕“试验田”做好“先行者”——最高人民法院第一巡回法庭司法改革探秘》，载《人民法院报》2015 年 10 月 26 日，第 1 版。

② 参见侯猛：《最高人民法院判决的比较优势》，载《北京大学学报（哲学社会科学版）》2008 年第 6 期。

③ 罗书臻：《瞄准“可复制”当好“排头兵”——最高人民法院第二巡回法庭司法改革探秘》，载《人民法院报》2015 年 10 月 26 日，第 1 版。

如果申请再审和涉诉信访案件得以有效分流，巡回法庭就会要求高级人民法院报请更多具有普遍法律适用意义的案件。这在制度上也存在一定可操作的空间。例如，2010 年 12 月 28 日，最高人民法院发布《关于规范上下级人民法院审判业务关系的若干意见》。其中第三条规定，基层人民法院和中级人民法院对于已经受理的属于具有普遍法律适用意义第一审案件，必要时可以根据相关法律规定，书面报请上一级人民法院审理。这也意味着，高级人民法院可能有更多具有普遍法律适用意义的第一审案件，而不服高级人民法院的第一审案件就会作为第二审案件进入巡回法庭。巡回法庭也就有了更多可能审理具有普遍法理适用意义的案件。

归纳来说，本章探讨的是法院体制中的中央和地方关系的变化。这一轮司法改革使得最高人民法院的审判职能开始向下延伸，在六个不同方位的巡回区设立巡回法庭。这呈现出最高审判权的多空间分布格局，会给下级法院带来潜在的甚至巨大的影响。

第 4 章　巡回法庭："家门口的最高人民法院"

最高人民法院各种政策的制定，是由其内设机构来具体完成的。目前，最高人民法院的内设机构包括审判部门、审判辅助部门和司法行政管理部门。以审判部门为例，最高人民法院设有立案庭、五个刑事审判庭、四个民事审判庭、行政审判庭和审判监督庭。在党的十八大以来的司法改革中，最高人民法院还设立了环境资源审判庭、六个巡回法庭、知识产权法庭和国际商事法庭。

本章是以巡回法庭为研究对象，分析这一结构的成立背景、工作机制和可能出现的问题。巡回法庭在方便群众诉讼、就地化解纠纷、统一法律适用等方面发挥了重要作用，被群众亲切地称为"家门口的最高人民法院"。[①] 从巡回法庭切入讨论，也是在新设机构方面来展现最高人民法院的内部运作过程。

---

① 周强：《最高人民法院关于人民法院全面深化司法改革情况的报告——2017 年 11 月 1 日在第十二届全国人民代表大会常务委员会第三十次会议上》，载最高人民法院办公厅编：《党的十八大以来最高人民法院专项工作报告汇编》，人民法院出版社 2018 年版，第 183 页。

巡回法庭的由来

2014年10月23日，党的十八届四中全会通过《中共中央关于全面推进依法治国若干重大问题的决定》（以下简称《依法治国决定》），其中提出："最高人民法院设立巡回法庭，审理跨行政区划重大行政和民商事案件。"但作为四中全会顶层设计的一项具体政策，此前不论是学术界还是实务界，都没有仔细讨论过巡回法庭的问题。最近一次的集中讨论，还是在最高人民法院收回死刑复核权时，有人提出设立最高人民法院分院或巡回法庭处理死刑复核案件的建议。①

在四中全会召开之前的7月9日，最高人民法院召开新闻发布会通报《人民法院第四个五年改革纲要（2014—2018）》时，也只是谈及"在机构设置方面，建立上级法院在重大、疑难、复杂案件较多的地方派出巡回法庭工作机制"②。当时并未明确提出甚至暗示要设立最高人民法院巡回法庭。而为了配合《依法治国决定》的出台，该纲要全文也一直没有公布。直到2015年2月4日，最高人民法院发布《关于全面深化人民法院改革的意见》（以下简称《法院改革意见》），并将其作为《人民法院第四个五年改革纲要（2014—2018）》（以下简称《四五改革纲要》）贯彻实施。其中规定："最高人民法院设立巡回法庭，审理跨行政区划的重大民商事、行政等案件，确保国家法律统一正确实施。"

---

① 参见周道鸾：《论死刑核准权的收回与死刑复核程序的完善》，载《时代法学》2005年第6期。

② 张先明：《最高人民法院发布"四五改革纲要"针对8个重点领域　提出45项改革举措》，载《人民法院报》2014年7月10日，第2版。

为何这一政策能够迅速推出？这必须放在整个政治格局中加以理解。从政策制定流程来看，这一次是放在中央全会的层级，由中央主导，自上而下推行。党的十八届三中全会设立的中央全面深化改革领导小组（以下简称深改组）是核心机构，在确定四中全会主题为依法治国以后，由其主导布置任务给相关党政机关。各党政机关再层层分解，由内设的职能部门提出草案。

因此，巡回法庭的制度设想，至少经历了如下环节：最高人民法院的执笔人、最高人民法院司法改革办公室、最高人民法院、中央政法委、深改组。意见不是单向报批，而是在来回反复协调之后，由深改组最后定案。在中央定案以后，2015年2月4日，最高人民法院发布《四五改革纲要》，最终删去"建立上级法院在重大、疑难、复杂案件较多的地方派出巡回法庭工作机制"的表述，改为"设立最高人民法院巡回法庭"。

在四中全会宣布这一举措以后，究竟什么时候开始设立，最初并无明确规划。2014年11月1日，最高人民法院副院长江必新在回答记者提问时，就表示中国设立巡回法庭暂无时间表，"这些问题，最高人民法院已经做过多次研究，但是涉及体制问题，涉及职能转换问题，最高人民法院还要进一步研究，这取决于相关部门的配合和其他相关措施的配套，尤其法律依据"①。然而一个月之后的12月2日，深改组第七次会议就审议通过了《最高人民法院设立巡回法庭试点方案》。同年12月28日，第十二届全国人大常委会第十二次会议任命了最高人民法院巡回法庭的庭长、副庭长。2015年1月28日，最高人民法院第一巡回法庭揭牌成立。同日，最高人民法院公布了1月5日最高人

① 张先明：《行政机关要经得起告、配合告、减少告——信春鹰江必新夏勇详解新行政诉讼法焦点热点问题》，载《人民法院报》2014年11月2日，第1版。

民法院审判委员会通过的《关于巡回法庭审理案件若干问题的规定》。2015 年 2 月 1 日，巡回法庭正式对外办公。[①]

可以说，设立巡回法庭虽是最高人民法院的最初构想，但是由中央最终拍板并强力主导的。所谓强力主导，就是减少了最高人民法院与其他部门的协调成本。例如，干部管理涉及中央组织部，编制涉及中央编制委员会办公室，财政部分涉及财政部，立法涉及全国人大常委会，地方配套涉及巡回法庭所在省的省委省政府。这是政策能够迅速推行的根本原因。

作为一项顶层设计，虽然政策的推动力很强，但毕竟没有足够的经验可循，究竟怎么运作，大家都没底。不过，这一机构的名称在一定程度上已经反映出政策制定者的期待。

如果巡回法庭设计的主要职能是分流申诉信访案件，那么，在这一组织设立之前已经有类似的制度经验。2013 年，最高人民法院已经成立了两个巡回督导合议庭，[②] 开展巡回接访工作。[③] 而在 2009 年，最高人民法院在河北、山西、内蒙古、辽宁和河南五省区专门设立了 5 个接访工作组。2010 年，又派出 12 个合议庭和案件复查组。[④] 甚至更早在 2004 年，为了缓解告状难、申诉难，最高人民法院设立了巡视组。[⑤] 巡视组多由退休的资深法官担任负责人，其职能既包括纪律检查、巡视各地法院工作，也包括审判监督、处理申诉信访案件。这样，从巡视

---

① 更详细的表述，参见《最高法巡回法庭大事记》，载《法制日报》2015 年 2 月 2 日。

② 有的省高级人民法院也设立了巡回督导合议庭。此外，有的省高级人民法院还设立过驻京巡回合议庭，以便在北京处理申诉信访案件。

③ 张景义：《依法扎实推进涉诉信访改革——专访最高人民法院涉诉信访机构负责人》，载《人民法院报》2014 年 3 月 20 日，第 1 版。

④ 王胜俊：《最高人民法院工作报告——2011 年 3 月 11 日在第十一届全国人民代表大会第四次会议上》，载《人民日报》2011 年 3 月 12 日，第 2 版。

⑤ 此外，针对不同的业务，最高人民法院派出的临时组织还有不少。例如，针对案件质量派出督导组、针对“八项规定”派出检查组，等等。

组、接访工作组、巡回督导合议庭，再到巡回法庭，最高人民法院实现了处理再审信访案件职能的高度组织化。

但从名称的使用上，主要是在基层才有"巡回法庭"。它是巡回审判原则的常态化，[①] 但还没有高度组织化。例如，环保巡回法庭、城市管理巡回法庭、交通事故巡回法庭、刑事案件巡回法庭、军事法院民事审判巡回法庭，以及设立巡回审判车（有时贴有"社区巡回法庭"字样）。[②] 这些基本上是以一种临时机构或流动形式来践行巡回审判的原则。大多数情况下，这些与作为基层法院派出机构的人民法庭是不同的。[③] 因为一旦高度组织化或固定化，就与巡回审判原则背离。类似的，海事法院也设立了派出法庭。1993 年开始，最高人民法院先后批准全国 10 个海事法院在管辖区域内重要港口城市设立了 38 个派出法庭，就地收案办案。[④] 因此，从性质上来说，最高人民法院巡回法庭只是最高人民法院的派出机构，很难说这是体现巡回审判原则。更何况，巡回法庭自己还要到各地进行巡回审判。[⑤]

如此看来，参照人民法庭或派出法庭以地名作为命名的惯例，将这次分设在深圳和沈阳的巡回法庭称为华南法庭、东北法庭更合适。为什么却命名为"巡回法庭"呢？笔者的猜测是，相较"某某（地名）法庭"，"巡回法庭"的名称不仅让人感觉

---

① 例如，1951 年实施的《人民法院暂行组织条例》（已废止）第七条规定："人民法院审判案件，除在院内审判外，应视案件需要，实行就地调查、就地审判和巡回审判。"

② 2012 年，最高人民法院会同财政部制定了《人民法院执法执勤用车配备使用管理办法（试行）》。其第三条第三款规定"特种专业技术用车是指需要长期固定装载特殊专业技术设备，用于审判业务的车辆"，其中包括巡回审判车。

③ 《人民法院组织法》第二十六条规定："基层人民法院根据地区、人口和案件情况，可以设立若干人民法庭。人民法庭是基层人民法院的组成部分。人民法庭的判决和裁定即基层人民法院的判决和裁定。"

④ 万鄂湘主编：《专门法院改革的路径与成效》，人民法院出版社 2013 年版，第 38 页。

⑤ 例如，2015 年 3 月 6 日上午，最高人民法院第一巡回法庭在东莞中级人民法院开庭，审理了东莞市东伟石油化工有限公司诉东莞市公路桥梁开发建设总公司、广东广深沿江高速公路有限公司、东莞市交通运输局、东莞市财政局相邻关系纠纷案。

格调更高，而且借由名称改变或可赋予司法改革更深期待。这种更深期待，或许是像美国联邦巡回法院一样，让巡回法庭成为一个跨行政区域的二审法院。正如《依法治国决定》所表述的“最高人民法院设立巡回法庭，审理跨行政区域重大行政和民商事案件”，只不过这次设立的巡回法庭不是一个独立的二审法院。

美国联邦巡回法院①在设立初期，也并非像今天这样是介于初审和三审之间独立的上诉法院。一开始，巡回法院是由联邦最高法院法官和地区法院法官共同组成。1789 年的美国司法条例设立了三个巡回法院，由 2 名巡回审判的联邦最高法院法官和 1 名地区法院法官听审案件。之所以这样规定，是因为美国国会认为联邦最高法院没有足够的工作可做，并且巡回审判能让联邦最高法院更接地气。但由于巡回法院的一部分案件仍然会进入最高法院，有时会导致地区法院法官和最高法院法官重复听审。因此，在 1793 年，美国国会决定只需要 1 名最高法院法官巡回审判。

而到了 1869 年，美国国会设立 9 个专门的巡回法官职位，进一步减轻了最高法院法官巡回审判的压力。1891 年，《埃瓦茨法院改革法案》（The Evarts Court Reform Bills）设立独立的上诉法院（Court of Appeals），每个巡回区由 3 名法官组成。而最高法院法官派人去庭审，已经是可选但不是必需的职责。上诉法院的设立减轻了最高法院的案件负担。美国联邦司法中心报告显示，1890 年联邦最高法院的案件是 623 件，1891 年是 379 件，1892 年是 275 件。到 1948 年，国会正式将巡回法院（Circuit

① 联邦巡回法院的正式名称是 United States Courts of Appeals。其实，在美国各州也有州巡回法院，但这是分区的初审法院。

Courts）更名为巡回上诉法院（*Circuit Courts of Appeals*）。[①] 从美国联邦巡回法院的演变历程来看，虽然不可复制，但可作为中国巡回法庭未来改革的参考。

也许，政策制定者和执行者（更多是法律人?!）更倾向于将"巡回"视为介于初审和三审之间的二审制度。但由于政治体制约束，巡回法庭的"巡回"所能够表达出来的含义，只能是地理上的巡回区概念。例如，第一巡回法庭最初管辖广东、广西、海南三个省区，这三个省区就是一个巡回区。[②] 如政策起草者所言：为避免"管辖区域"和"辖区"等表述引起歧义，《巡回法庭规定》使用了"巡回区"概念，侧重从地理区域上界定巡回法庭审理或办理案件的范围。[③]

这也能够与20世纪50年代最高人民法院大区法院（分院）制度联系起来。大区法院虽然受同级人民政府领导，但并非独立审级。例如，《人民法院暂行组织条例》第十条第二款规定："各级人民法院（包括最高人民法院分院、分庭）为同级人民政府的组成部分，受同级人民政府委员会的领导和监督。省人民法院分院、分庭受其所在区专员的指导。"同时，该条例第三十二条规定："最高人民法院得在各大行政区或其他区域设分院或分庭，在其所辖区域内执行最高人民法院的职务。"这表明大区的终审案件，一般情况下只会进入大区法院。可以说，大区法

---

① Jeffrey A. Segal, Harold J. Spaeth & Sara C. Benesh, *The Supreme Court in the American Legal System*, Cambridge University Press, 2005, pp. 216-217.

② 2017年，第一巡回法庭巡回区新增湖南省。

③ 贺小荣、何帆、马渊杰：《〈最高人民法院关于巡回法庭审理案件若干问题的规定〉的理解与适用》，载《人民法院报》2015年1月29日，第5版。

院与巡回法庭在功能上是一致的。[①] 因为按照现在的制度设计，巡回区的终审案件，大多由巡回法庭代表最高人民法院最终处理。

受理的案件类型

目前，巡回法庭主要受理两大类案件：一是办理申诉信访案件，包括申请再审案件；二是审理跨行政区域重大行政和民商事案件。

办理第一类案件主要是回应现实需求。《关于〈中共中央关于全面推进依法治国若干重大问题的决定〉的说明》（以下简称《依法治国决定说明》），对此进行了解释。“近年来，随着社会矛盾增多，全国法院受理案件数量不断增加，尤其是大量案件涌入最高人民法院，导致审判接访压力增大，息诉罢访难度增加，不利于最高人民法院发挥监督指导全国法院工作职能，不利于维护社会稳定，不利于方便当事人诉讼。全会决定提出，最高人民法院设立巡回法庭”。

那么，涌入最高人民法院的大量案件是哪些呢？从 2010 年起，最高人民法院每年受理案件均在 1 万件以上，登记来访 6 万至 7 万件次。[②]因为涌入本部的大量案件是申诉信访和申请再审案件，巡回法庭的主要工作就是分流处理这些案件。分流需

① 历史上，还有最高人民法院临时分庭制度。例如，1952 年 4 月 3 日政务院《关于中央一级各机关“三反”运动中成立人民法庭的通知》中，即规定：“政委、财委、文委等单位，得成立最高人民法院临时分庭，以领导所属各单位人民法庭的审判工作。其人选由最高人民法院与成立临时分庭之有关单位协商选派或指定之。”1952 年 5 月 24 日，最高人民法院根据该通知发布了《关于中央一级“三反”法庭职权的通知》。

② 罗书臻：《方便当事人诉讼　减轻当事人诉累——访最高人民法院审判委员会专职委员、第一巡回法庭庭长刘贵祥》，载《人民法院报》2015 年 1 月 29 日，第 4 版。

要考虑两个因素：第一，哪些案件需要分流，是二审、再审、申请再审、申诉案件还是信访案件？在不同时期，需要重点分流的案件可能不一样。第二，在需要分流的案件中，应当分类管理，考察哪些地区的案件比较集中，然后进行统筹分流。

巡回法庭刚设立时，笔者即回访了最高人民法院的申诉立案大厅（人民来访接待室）。当天，大门口贴出公告，说明自 2015 年 2 月 1 日起，这里将不再受理巡回区省份的相关案件。这份公告表述如下：

公告

最高人民法院巡回法庭已于近日挂牌成立，第一巡回法庭审理广东省、广西壮族自治区、海南省的相关案件；第二巡回法庭审理辽宁省、吉林省、黑龙江省的相关案件。自 2015 年 2 月 1 日起，以上省份的诉讼参与人请到相关巡回法庭办理相关诉讼事宜。

特此通告。

（最高人民法院巡回法庭审理案件及涉诉信访的范围详见《最高人民法院关于巡回法庭审理案件若干问题的规定》）

最高人民法院申诉立案大厅
最高人民法院人民来访接待室
二〇一五年一月三十一日

截至 2016 年 12 月 31 日，最高人民法院第一、第二巡回法庭共接待来访 7.3 万人次。[①] 2016 年 12 月 28 至 29 日，最高人

① 最高人民法院编：《中国法院的司法改革（2013—2016）》，人民法院出版社 2017 年版，第 10 页。

民法院在华东、华中、西南、西北增设的4个巡回法庭正式挂牌，办理巡回区内的申诉信访案件。这样，最高人民法院本部只受理北京、天津、河北、山东、内蒙古五省区的相关案件。

不能否认的是，巡回法庭的设立，最初激发了更多本地申诉信访案件的出现。这里可以参见时任最高人民法院第一巡回法庭庭长刘贵祥的回答："我们原来估计，信访人数肯定要比巡回区三省区之前去本部信访的多，初步估计是成倍增加，即便如此，从目前情况看，还是远远超过了预估。过去是三个省加起来一年才二千多，挂牌才一个月（中间还有春节放假）就已超过五百，这还是年前的数字了，现在这个数字已达七百。"①也就是说，巡回法庭半个月的信访接待数量已经超过最高人民法院近些年半年的接待数量。②

以深圳为例，原先由于交通成本的考虑，从广东、广西和海南到北京来上访的数量相对较少，而如今基于地理优势，这些潜在案件显现出来，直接涌入第一巡回法庭。这的确实现了方便当事人诉讼的目的，但未必减少了当事人的成本。以第二巡回法庭为例，辽宁省的申诉信访人去沈阳的成本是降低的，数量当然会大增。但黑龙江省的申诉信访人的成本未必降低，因为去北京的交通成本未必就高于去沈阳。例如，可以比较去北京和去沈阳火车的班次数。而且，就消费成本而言，对于低消费群体的申诉信访人，在北京申诉和在沈阳申诉差别不大。

为了控制信访数量，巡回法庭与巡回区内法院建立了更紧密的联系。例如，要求高级人民法院和各中级人民法院针对重点信访案件制定信访户名单，多做实质性工作，努力化解一批

---

① 刘长：《未来法院的样子，我们在探索——对话最高人民法院第一巡回法庭庭长刘贵祥》，载《南方周末》2015年3月19日。

② 武欣中：《巡回法庭成了"信访办"》，载《中国青年报》2015年3月3日，第4版。

信访积案、难案，尽量控制新收信访案件的增长。①

因此，信访案件增长的情况总体上有所改善。据《人民法院报》2019 年 1 月的报道：2017 年上半年以前，一巡诉服中心每日来访量大，且经常出现严重缠访闹访现象的被动局面。仅从 2018 年上半年情况看，诉讼服务中心共接待涉诉信访 2942 人次，与 2017 年同期相比下降 25.01%；登记接谈申诉来访案 1086 件，同比下降 34.10%；办理群众来信共 1126 件，同比下降 15.40%。2018 年上半年最高人民法院立案庭向各省市区通报总计 198 起进京上访人员情况，第一巡回法庭下辖四省区仅有 9 起。②

但值得注意的是，巡回区内申诉信访人进京上访的现象仍然存在，甚至形成了一定规模。2017 年，巡回法庭共接待群众来访 4.6 万人次。最高人民法院本部接待来访总量同比下降 33.2%。③ 但陕西省高院在其 2018 年工作报告中指出，2017 年全省进京非正常上访比 2012 年下降 36.27%。第六巡回法庭（驻地西安）是在 2016 年 12 月 29 日成立，2017 年 1 月开始工作。在制度设计上，本部不再处理陕西省的信访案件，但仍有相当数量的进京非正常上访。这在其他省份也较为常见。原因是什么呢？

一个重要原因是，申诉信访人对巡回法庭的认知有偏差。他们认为巡回法庭仍代表不了最高人民法院。因此，他们要么去了巡回法庭再去本部，要么还是直接去本部。如何改变申诉

---

① 张严方：《最高法一巡在广西设立四个巡回点》，载《人民法院报》2018 年 6 月 14 日，第 1 版。

② 姜佩杉：《激情燃烧，驰骋在更广袤的大地上——2018 年度最高人民法院巡回法庭先进集体、先进个人风采录（上）》，载《人民法院报》2019 年 1 月 7 日，第 5 版。

③ 周强主编：《最高人民法院工作报告 . 2018：汉英对照》，法律出版社 2018 年版，第 12 页。

信访人的主观认知，强化巡回法庭就是代表最高人民法院本部，到巡回法庭所在中心城市与到北京的效果一样的观念，这需要最高人民法院做更多细致的、配套性的工作。

巡回法庭成立以来，处理了一些重大影响的申诉案件，如聂树斌案、顾雏军案。以顾雏军案为例，2012 年 9 月，顾雏军刑满释放后，提出申诉。最高人民法院经审查，于 2017 年 12 月 27 日决定提审本案，由第一巡回法庭再审。2018 年 6 月 13 日至 14 日，最高人民法院在第一巡回法庭大法庭公开开庭审理顾雏军等虚报注册资本，违规披露、不披露重要信息，挪用资金再审一案。但总的来说，本部与巡回法庭在申诉信访事务方面还需要进一步的对接协调。

审理第二类案件，主要是来自《依法治国决定》中的表述："最高人民法院设立巡回法庭，审理跨行政区域重大行政和民商事案件。"虽然申诉信访案件与跨行政区域重大行政和民商事案件会有重叠，却属于完全不同的案件类型。在跨行政区域重大行政和民商事案件中，更多是二审案件，少部分是首次申请再审案件。而在申诉信访案件中，大量案件是诉讼程序已经终结的案件，以及首次申请再审案件、申请再审被驳回的案件。

《依法治国决定》突出审理跨行政区域重大行政和民商事案件，体现出中央与最高人民法院都希望司法改革有制度创新。这个创新就是"期望"巡回法庭能够审理跨行政区域重大行政和民商事案件，而不只是申诉信访案件。

这一表达与实践的背离，进一步反映在《巡回法庭规定》之中。《巡回法庭规定》第三条规定了最高人民法院受理十一类案件。"信访案件"则排除在这十一类案件之外，第三条的最后增加了如下规定："巡回法庭依法办理巡回区内向最高人民法院提出的来信来访事项。"至少在表述上，有淡化其申诉信访职能的意味。如政策起草者所言：多数意见认为，在实行"诉访分离"和涉诉信访制度改革后，不应突出巡回法庭办理信访事项的功能。因此，《巡回法庭规定》强调了"依法办理"，并且把传统意义上的信访案件表述为"来信来访事项"。[1]

如果进行语义分析，跨行政区域重大行政和民商事案件是指什么呢？一方面，《依法治国决定》中突出表述"跨行政区域"。最高人民法院审理的跨行政区域案件，应该主要是指跨省区案件。但在事实上，长期以来，最高人民法院审理的二审和再审案件，大部分仍是省内案件，跨省区的案件是不多的。

"重大"一词也值得推敲。历史上的大区法院虽是最高人民法院分院，但在审理重大案件时，仍应报请最高人民法院审查处理。[2] 而这次设立的巡回法庭能够直接审理重大案件，也是超乎常理。因此，在审理案件事项上，巡回法庭的权力有可能大于大区法院。《巡回法庭规定》第八条规定："最高人民法院认为巡回法庭受理的案件对统一法律适用有重大指导意义的，可以决定由本部审理。巡回法庭对于已经受理的案件，认为对统一法律适用有重大指导意义的，可以报请最高人民法院本部审理。"可以推论的是，巡回法庭审理的重大案件主要是事实审重大案件。

对于法律审重大案件，仍交由本部处理。起草《巡回法庭规定》的法官在理解适用文中就写道："对于统一法律适用具有重大指导意义的……仍应当由最高人民法院本部审理或办理。"

---

① 贺小荣、何帆、马渊杰：《〈最高人民法院关于巡回法庭审理案件若干问题的规定〉的理解与适用》，载《人民法院报》2015年1月29日，第5版。

② 《人民法院暂行组织条例》第三十四条规定："最高人民法院分院、分庭的刑事、民事判决均为终审判决；但重大或疑难的案件，应报请最高人民法院审查处理。"

这似乎否定了巡回法庭的制度创新空间。① 实际上，在目前事实审和法律审还没有严格区分的情况下，较难区分哪些重大案件有或没有法律适用意义。而且，在用词上是“可以”报请，而非大区法院时的“应当”报请。

目前最高人民法院的主要做法，是将原本由本部审理的大部分二审和再审行政民商事案件，按照巡回区分配到各个巡回法庭来审理。2008 年以后，在相当长的一段时间，最高人民法院的二审民商事案件总体上呈现下降趋势。特别是 2007 年修正的《民事诉讼法》规定可以向上一级法院申请再审，这使得大量案件经由高级人民法院集中到最高人民法院。而这些案件主要是申请再审的民商事案件。

为应对再审案件激增的情形，最高人民法院同时决定提高民商事案件标准。最高人民法院在 2008 年 2 月 3 日发布《关于调整高级人民法院和中级人民法院管辖第一审民商事案件标准的通知》。之后高级人民法院受理的一审案件数量大幅减少，二审案件数量也呈下降趋势。最高人民法院的二审民商事案件数量随之减少。②

这种情形的出现正如《法院改革意见》所提的“调整跨行政区划重大民商事、行政案件的级别管辖制度，实现与最高人民法院案件管辖范围的有序衔接”。此后，最高人民法院在 2015 年 4 月 30 日、2019 年 4 月 30 日分别发布《关于调整高级人民法院和中级人民法院管辖第一审民商事案件标准的通知》和《关于调整高级人民法院和中级人民法院管辖第一审民事案件标

---

① 参见贺小荣、何帆、马渊杰：《〈最高人民法院关于巡回法庭审理案件若干问题的规定〉的理解与适用》，载《人民法院报》2015 年 1 月 29 日，第 5 版。

② 景汉朝：《立案信访和审判监督改革的路径与成效》，人民法院出版社 2013 年版，第 33—34 页。

准的通知》。通知从总体上继续提高了诉讼标的额，控制了到达最高人民法院的数量，从而使得各巡回法庭的民商事案件类型和数量保持一定的均衡。

级别管辖制度调整对巡回法庭审理行政案件的影响也是很大的。按照2013年《最高人民法院关于开展行政案件相对集中管辖试点工作的通知》的规定，对于省级以下两级法院的行政案件，采取相对集中管辖、异地交叉管辖。同时，按照2014年修改后的《行政诉讼法》的规定，对县级以上地方人民政府作出的行政行为提起诉讼的案件，由中级人民法院管辖。这些做法导致最高人民法院的行政案件大量增加。2016年最高人民法院行政庭受理案件2974件，人均结案近127件，创造了自1988年建庭以来的最高纪录。① 而来自各巡回区法院的行政案件，大部分也陆续交由各巡回法庭审理。

2015年2月至2016年6月，最高人民法院第一巡回法庭共审结行政案件838件。2017年最高人民法院第三巡回庭共受理行政案件1946件，审结1774件。目前行政案件已成为各巡回法庭受理案件的主要类型。② 针对行政案件数量及增幅较大的实际情况，一巡就研究制定了《关于行政案件繁简分流操作规程》。从统计情况来看，2017年，巡回法庭共审结案件1.2万件，占最高人民法院办案总数的47%。③

长期来看，巡回法庭如果审理真正的跨行政区域重大民商事案件，而非将本部案件分流，就需要重新界分巡回法庭和高

---

① 参见最高人民法院行政庭编：《人民法院改革开放40周年成就展·行政审判卷》，人民法院出版社2019年版，第18页。

② 参见最高人民法院行政庭编：《人民法院改革开放40周年成就展·行政审判卷》，人民法院出版社2019年版，第93页。

③ 周强：《最高人民法院关于人民法院全面深化司法改革情况的报告——2017年11月1日在第十二届全国人民代表大会常务委员会第三十次会议上》，载最高人民法院办公厅编：《党的十八大以来最高人民法院专项工作报告汇编》，人民法院出版社2018年版，第183页。

级人民法院的审理权限。例如，调整诉讼标的额，将原本由高级人民法院审理的跨区二审案件改由巡回法庭审理。刘贵祥指出："对跨区域的民商事案件，也就是一方当事人在管辖法院之外的省区的民商事案件，我们考虑在级别管辖上有所变化。例如，降低跨区域案件的级别管辖标准，使巡回法庭能更多地受理案件尤其是二审案件。"① 比如说，如果原本由广东省高级人民法院二审的案件，通过提升诉讼标的额转由设在深圳的最高人民法院第一巡回法庭审理，可以方便当事人诉讼，进一步减少审级。

巡回法庭的制度成本

设立巡回法庭的制度成本，既包括法庭的运行成本，也包括当事人的诉讼成本。按照《依法治国决定说明》中所指出的，设立巡回法庭"有利于审判机关重心下移、就地解决纠纷、方便当事人诉讼，有利于最高人民法院本部集中精力制定司法政策和司法解释、审理对统一法律适用有重大指导意义的案件"。但这需要多大的成本呢？

如前所述，申诉信访人的成本未必有明显下降。而且，还激发了更多新的申诉信访案件涌入巡回法庭。如果从疏散人口、降低城市压力，特别是维护北京稳定的角度来说，在北京以外设立巡回法庭，的确已经分流了相当一部分申诉信访人离京。当然，巡回区内的不少申诉信访人明知被拒绝，仍选择进京上访，这影响了分流效果。

另一方面，由于最高人民法院二审民商事案件量呈现下降

① 刘长：《未来法院的样子，我们在探索——对话最高人民法院第一巡回法庭庭长刘贵祥》，载《南方周末》2015 年 3 月 19 日。

趋势，将这部分案件分流到巡回法庭实现重心下移的意义不大，而且也未必能方便当事人诉讼。举例来说，最高人民法院在2013年和2014年先后审理了腾讯与360相互起诉的二审案件。这样的案件就是典型的跨行政区域重大案件。腾讯总部在深圳，是第一巡回法庭所在地；360总部在北京，是最高人民法院本部所在地。对最高人民法院来说，不论在北京，还是深圳，都是就地解决纠纷。

而且，逻辑上的矛盾之处还在于，既然是跨行政区域，至少对一方当事人来说就不是就地解决纠纷。甚至，将来对双方当事人来说，都不是就地解决纠纷。因此，方便当事人诉讼也就成了问题。仍以腾讯和360相互起诉为例，是在北京还是在深圳，更多是当事人的诉讼成本发生了转移。甚至，还有可能增加当事人的诉讼成本。例如，由于知名律师主要集中在北京和沿海经济发达地区，案件到了巡回法庭，即使不在北京，当事人仍可能会请这些律师，这使得诉讼成本显著增加。

巡回法庭的人力成本也会增加。目前的主要人员是由最高人民法院从本部派往各地，这会增加交通成本、食宿成本和一些难以计算的成本（如情感的隔离）。巡回法庭法官的外派模式，有些像美国联邦最高法院成立初期，大法官轮流到各地办案的做法。但这并非长久之计，可能有如下局限：（1）外派法官是本部的骨干力量，会减弱本部法官的整体质量。（2）外派法官大多是中青年人，只身过去，但在北京还有家庭需要照顾，难以将精力全部投入工作。（3）法官两年一换，这使得法官队伍难以持续稳定扎根。（4）外派法官的收入可能比本地法官低，这会形成心理落差。

为缓解从本部调人带来的问题，巡回法庭现在还从巡回区内的法院借调人员到巡回法庭工作。但一般也实行定期借调，期满后回原单位的做法。当然，也有直接调来的情形。从长期来看，巡回法庭必须走法官本地化的道路。法官本地化是指法官不是委派轮岗，而是面向全国招考调干，并在本地长期工作生活。人财物由最高人民法院统一管理，但需要当地党委政府的更多支持。

因此，设立巡回法庭，不仅不是弱化最高人民法院与地方当局的联系，而且是需要建立更为密切的联系。例如，在最高人民法院第一巡回法庭成立座谈会上，时任中共中央政治局委员、广东省委书记胡春华代表广东省委、省政府表示："广东高院和深圳市委、市政府、市中院要根据最高人民法院的要求，认真落实好相关工作，为第一巡回法庭建设和发展提供全方位的支持和服务。"① 也正如第二巡回法庭庭长胡云腾所言，"将来还要建立与地方联动机制，一旦有需要地方司法机关提供支持、维持秩序的，有关部门须及时提供支持和帮助"②。

而巡回法庭的运行成本，特别是巡回审判的成本会更高。如果在巡回区内开庭，当事人的成本可能会降低："第一巡回法庭虽设在深圳，但它的审判地点不止是在深圳，审判人员可以到三个省区的各个地方去审案，减少当事人往返深圳的各项成本，体现出便民利民。3 月 6 日我们就去了东莞，在东莞巡回开庭，以后还可能去海南、广西，在高院、中院或基层法院。"③ 但是，法官的成本却增加了，包括交通费、住宿费等，这与基层法院较低的巡回审判成本不可同日而语。因此，实际情况是

---

① 罗书臻：《最高人民法院第一巡回法庭在深圳正式成立》，载《人民法院报》2015 年 1 月 29 日，第 1 版。

② 《巡回法庭：司法改革的"排头兵"——专访最高人民法院第一、第二巡回法庭庭长》，载《中国法律评论》2015 年第 1 期。

③ 刘长：《未来法院的样子，我们在探索——对话最高人民法院第一巡回法庭庭长刘贵祥》，载《南方周末》2015 年 3 月 19 日。

诉讼成本发生转移，即从当事人那里转移到法院和法官。

最高人民法院死刑复核的做法，也是巡回审判高成本的典型例证。提讯被告人、直接听取被告人的辩解、进一步查明案件事实是死刑复核的重要内容。但是，死刑被告人大多分散关押在案发地看守所，最高人民法院法官要想提讯被告人必须奔赴全国各地，耗时耗力。据统计，每一起核准案件，最高人民法院两名至三名法官（平均往返 5 天）到当地关押场所提讯被告人，高级人民法院两名法官（平均往返 4 天）和中级人民法院一名法官（平均往返 3 天）参加，每个案件的平均费用在 4 万元左右。① 虽然在 2008 年开始推行远程提讯，但这并不严谨可靠。② 巡回法庭设立以后，为了处理信访问题，也开始推行远程视频谈话。同样，远程视频虽然降低了成本，但也可能降低法院可信度。更何况，能到最高人民法院申诉信访的案件，不大可能经由远程视频就可以轻易解决。

此外，最高人民法院的两个国际商事法庭也设立在巡回法庭所在地，而且是在同一个办公区域。国际商事法庭与巡回法庭是什么关系，对两个机构的组织管理、人员编制、后勤保障等做怎么样的安排，目前还没有明确公开的说明，只有相对模糊的提法。例如，"根据院党组决定部署，第一巡回法庭依托驻地优势，积极配合民四庭等有关部门研究筹建第一国际商事法庭，发挥了重要作用"。这些新情况的存在，也增加了巡回法庭的制度成本。

---

① 苏泽林主编：《司法行政管理改革的路径与成效》，人民法院出版社 2013 年版，第 101—102 页。

② 2008 年 4 月 25 日，最高人民法院首次利用音视频系统，对羁押于福建省泉州市看守所的被告人进行了远程提讯。

巡回法庭的制度意义

一项制度的出台，有起草者、决策者和执行者的参与，同时涉及中央与地方、部门与部门、上级与下级之间的利益。任何一个环节有缺失，都会使制度出现变形。对于巡回法庭来说，其运行效果也受到各方面的制约。

方斯远认为："在改革者心中的理想图景，是希望通过跨区法院与巡回法庭的衔接，破除跨区案件审理中可能遇到的地方干预，同时通过本部与巡回法庭的分工，逐步实现最高人民法院的职能优化。"① 这是中国式司法联邦的思路。即在不根本改变现行以行政区划为基础的司法体系和审级制度的情况下，甚至无须依赖于宪法修改，通过巡回法庭的跨区结构设计，以省级统管的新司法体制为依托，再以逐步建立的跨行政区司法为支撑，可能歪打正着地形成一种单一制国家结构之下的"司法联邦"。② 但在目前条件不成熟的情况下，司法的中央集权特别是省级集权替代地方干预，可能会成为新的问题。

但是，这并不能否定巡回法庭制度具有的创新意义：

第一，巡回法庭与巡回区法院正在形成一种新型关系。例如，根据巡回办案的客观需要，第一巡回法庭研究制定巡回审判工作办法，在四省区设立了 15 个巡回审判联系点，安排审判庭领导和全体主审法官一一进行对接，周边区域案件办理及有关业务指导相对固定在联系点法院进行，进一步落实巡回审判目标，建立常态化的巡回审判工作机制。"就地吸附信访"，"就

---

① 方斯远：《最高人民法院巡回法庭的制度建构》，载《法律科学》2015 年第 1 期。

② 傅郁林：《最高人民法院巡回法庭的职能定位与权威形成》，载《中国法律评论》2014 年第 4 期。

地化解纠纷"，自设立之初，第一巡回法庭就把做好涉法涉诉信访工作作为落实司法为民的重要着力点。①

第二，巡回法庭诉讼服务中心建立接访法官会议与主审法官会议把关衔接机制。诉讼服务中心每周召开接访法官集体会议，对于事实认定不清、适用法律不当、有可能启动审判监督程序的案件，由接访法官集体会议讨论，形成疑难案件快速处理通道。对于集体会议难以准确研判的案件，及时报请、移交主审法官团队审查处理。

第三，在巡回法庭内建立值班律师制度，有助于化解涉诉信访案件，同时也能够加强律师与巡回法庭之间的联系。巡回法庭内设立"律师志愿服务岗"，每到接访日由深圳律协选派 2 名律师全天候值班，为来访群众提供免费法律咨询服务。截至 2018 年 11 月底，深圳律协已选派律师志愿者 1398 人次到第一巡回法庭值班服务，登记接谈案件 3847 件。

此外，第二巡回法庭庭长胡云腾还总结出巡回法庭的三项办案改革经验：（1）最后一问，即在当事人或其律师说完话以后，法官要再问一句"还有什么问题没有"之类的话语，防止他们还有其他问题没有说或者意犹未尽。（2）每案必询，即凡是申请再审人对原审裁判提出事实证据争议或者新证据的，办案法官在再审审查时必须当面询问再审申请人。（3）对应说理，即坚持法律文书对应说理表现在数量对应、性质对应和主体对应。②

巡回法庭更多的创新还包括：试点推行主审法官制、合议庭办案责任制、案件质量终身制，以及召开与相关省律协座谈

① 乔文心：《从锐意改革"试验田"到成果展示"示范点"——最高人民法院第一巡回法庭工作纪实》，载《人民法院报》2018 年 2 月 23 日，第 1 版。

② 参见胡云腾：《第二巡回法庭的三项办案改革经验》，载《中国审判》2016 年第 14 期。

会，倡议新型法律职业共同体关系。[1] 这些做法和尝试，让巡回法庭成为司法改革的试验田和展示司法形象的窗口。如周强所言："巡回法庭……代表着国家司法形象，要在维护社会公平正义方面为全国法院做出表率，成为我国法院对外、内地法院对港澳台展示司法公正的重要窗口。"[2]

不论如何评价，设立巡回法庭距离三审制显然是更近了一步。这为将来可能实行的有限三审制奠定了制度基础。也就是类似美国的做法，建立调卷令制（Petitions for a Writ of Certiorari）。[3] 20世纪50年代初期，中国曾实行有限三审制。《人民法院暂行组织条例》第二十一条曾规定："省级人民法院的第二审刑事、民事判决，均为终审判决，但重大或疑难的案件，应准许诉讼人提起第三审上诉，并应在判决书内记明。"将来恢复有限三审制，也是为了实现事实审和法律审的分离，同时分流案件。

目前巡回法庭的主要任务就是分流案件。由于其他制度如简易程序也具有此类功能，这就需要巡回法庭与其他制度进行有效协调。如果巡回法庭运行出现较多问题，进一步改革的阻力就会变大，有限三审制也就基本上不可能实现。

---

① 白全安：《努力建构法官律师新型职业共同体关系——第一巡回法庭与巡回区三省区律协负责人及律师代表座谈》，载《人民法院报》2015年2月12日，第1版。

② 罗书臻：《最高人民法院第一巡回法庭在深圳正式成立》，载《人民法院报》2015年1月29日，第1版。

③ 相关经验研究，见 Vanessa A. Baird, *Answering the Call of the Court: How Justices and Litigants Set the Supreme Court Agenda*, University of Virginia Press, 2008。另参见［美］H. W. 佩里：《择案而审：美国最高人民法院案件受理议程表的形成》，傅郁林、韩玉婷、高娜译，中国政法大学出版社2010年版。

第5章　最高人民法院判决的比较优势

如前所述，司法解释在实践中比最高人民法院判决有更大影响。这既表现为司法解释能够影响社会经济生活，也表现在司法解释会影响各级法院以后的判决。但另一方面，最高人民法院有越来越多的判决形成了新的裁判规则，具有普遍的法律适用意义。

注意，这里所说的最高人民法院判决，并不是最高人民法院审判委员会讨论通过的主要由下级法院作出判决的指导性案例，而是最高人民法院作出的一部分能够形成裁判摘要的判决。这些裁判摘要就是新的裁判规则，具有普遍法律适用的意义。它的正当性要远胜于指导性案例，因而成为本章的研究主题。

本章研究的中心问题，就是这些形成裁判规则的最高人民法院判决的功能及其意义。[①] 具体包括：（1）最高人民法院判决如何形成规则；（2）最高人民法院判决规则的类型；（3）与司法解释相比，最高人民法院判决的比较优势；（4）如何发挥最高人民法院判决的比较优势，扩大判决的影响；（5）在既有

① 如无特别说明，本章的最高人民法院判决均指形成裁判规则的最高人民法院判决。

政法体制的约束下，最高人民法院判决的改革如何与司法解释改革以及全国人大常委会的立法改革统筹协调。

判决的裁判摘要

从改革意愿来看，最高人民法院并不认为其判决仅仅局限于解决纠纷，而是希望有更多判决能像司法解释那样具有普遍法律适用意义。所谓普遍法律适用意义的判决，是指能够形成具有一定普适性的裁判规则，影响以后同类案件的判决。例如，最高人民法院制定的《人民法院第二个五年改革纲要（2004—2008）》第十二条规定："改革下级人民法院就法律适用疑难问题向上级人民法院请示的做法。对于具有普遍法律适用意义的案件，下级人民法院可以根据当事人的申请或者依职权报请上级人民法院审理。上级人民法院经审理认为符合条件的，可以直接审理。"这说明，最高人民法院可以审理具有普遍法律适用意义的案件，而这些案件来源于下级法院的申请。最高人民法院可以通过审理这些来自下级法院的案件来影响以后法院的判决，从而在功能上替代批复。

不过，规定尚未形成规模进入操作层面。真正可以找到的、形成规则即具有普遍法律适用意义的最高人民法院判决，出现在2004年以来的《最高人民法院公报》上。《最高人民法院公报》一向有刊登最高人民法院裁判文书的传统，但自2004年以来，凡刊登的最高人民法院裁判文书之前都加有裁判摘要的格式。这些裁判摘要是从个案判决中归纳提炼出来的具有一定普适性的特定裁判规则。尽管《最高人民法院公报》编辑部在最高人民法院内部的科层地位不高，但可以肯定的是，公报代表最高人民法院官方的见解和做法，因此裁判摘要的出现具有正式的、制度的意义。[①]

裁判摘要也并非当代最高人民法院所独创。在民国时期，最高法院（大理院）即有此项制度，但称为“裁判要旨”。[②] 裁判要旨系将具体案件的判决理由加以抽象化，使其具有规范的性质，[③] 会对以后同类判决具有参照价值乃至约束力。在我国台湾地区，“大法官会议”释字第一五四号解释理由书就认定，“最高法院”和“行政法院”判例在未变更以前有约束力，可作为各级法院裁判之依据。如存有异议，可以通过相关程序来确认其约束力。中国大陆与台湾地区同属制定法传统，法院与制定法的关系大体类似，因此，台湾地区的裁判要旨制度有一定的借鉴意义。

从已经公布的最高人民法院判决来看，裁判摘要涵盖范围很广，既有刑事又有民商事判决，既有解释实体法又有解释诉讼法的裁定。[④] 大体有如下几种类型：

第一，裁判摘要对法律的具体条文进行解释。例如，“上海盘起贸易有限公司与盘起工业（大连）有限公司委托合同纠纷案［（2005）民二终字第 143 号］”的裁判摘要，是对《合同法》第四百一十条中“赔偿损失”的含义进行解释。该条规定：“委托人或者受托人可以随时解除委托合同。因解除合同给对方

---

① 除裁判摘要外，还有最高人民法院各审判庭编写的，多数由承办法官撰写的判决裁判要旨。这些带有裁判要旨的判决并非公布在《最高人民法院公报》上，而是以出版物的形式出现，但其影响力甚至比《最高人民法院公报》还大。例如，最高人民法院审判监督庭编著、最高人民法院副院长苏泽林主编：《最后的裁判——最高人民法院典型疑难百案再审实录》，中国长安出版社 2007 年版。此外，自 2007 年起，《最高人民法院公报》刊登的案例即编辑部选编的下级法院的裁判文书也出现了裁判摘要。

② 此外还有最高法院判例编辑委员会编：《民国二十一年至二十九年最高法院判例要旨（一）》，大东书局 1932 年版。

③ 王泽鉴：《民法概论》，中国政法大学出版社 2003 年版，第 24 页。

④ 本章最高人民法院判决裁判摘要例证，如无特别说明，均来自《中华人民共和国最高人民法院公报（2006 年卷）》（人民法院出版社 2007 年版）。

造成损失的，除不可归责于该当事人的事由以外，应当赔偿损失。”该裁判摘要认为“责任范围仅限于给对方造成的直接损失，不包括对方的预期利益”。

第二，裁判摘要对司法解释的具体条文进行再解释。例如，“江北中行与樊东农行等信用证垫款纠纷案［（2003）民四终字第21号］”的裁判摘要，是对《担保法解释》第八条中“担保人有过错”的含义进行解释。该条规定：“主合同无效而导致担保合同无效，担保人无过错的，担保人不承担民事责任；担保人有过错的，担保人承担民事责任的部分，不应超过债务人不能清偿部分的三分之一。”该裁判摘要认为：“担保人的过错，是指担保人明知主合同无效仍为之提供担保，或者明知主合同无效仍促使主合同成立或为主合同的签订作中介等情形。”

第三，裁判摘要可以运用法律原则进行解释，包括民法原则和诉讼法原则。例如，“厦门东方涉及装修工程有限公司与福建省实华房地产开发有限公司商品房包销合同纠纷案［（2005）民一终字第51号］”的裁判摘要指出，当事人对于合同中的语词出现了理解分歧，应当“根据诚实信用原则，对这些语词加以解释。不能简单、片面地强调语词文义上存在的差别”。而“福建三木集团股份有限公司与福建省泉州市煌星房地产发展有限公司商品房预售合同纠纷案［（2004）民一终字第104号］”的裁判摘要，则根据《最高人民法院关于民事诉讼证据的若干规定》的相关规定，指出：“人民法院应当依据优势证据原则，认定对方当事人提供的合同文本原件真实。”

第四，裁判摘要可以确认习惯的法律效力。例如，“曾意龙与江西金马拍卖有限公司、中国银行股份有限公司上饶市分行、徐声炬拍卖纠纷案［（2005）民一终字第43号］”的裁判摘要指出：“在拍卖活动中，拍卖师的拍卖行为违反法律规定和行业习惯做法，侵害有关竞买人的合法权益的，应认定其拍卖行为无效。”这是最高人民法院首次通过判决确认“三声报价法”行业习惯的法律效力。

初步看来，最高人民法院判决的裁判摘要涉及法律条文、司法解释条文、法律原则、习惯的解释或确认。其中比较特殊的是最高人民法院判决对司法解释条文进行再解释的现象。说其特殊，这是因为大陆法系的法院主要是针对制定法进行解释，而英美法系的法院主要是针对判例法进行解释即“遵循先例”。但最高人民法院的判决除了可以对制定法条文进行解释之外，还可以对本院司法解释条文进行解释。

判决与司法解释的比较

出现判决对司法解释进行再解释的情形，意味着司法解释条文不可能穷尽所有可能，仍有相当大的解释空间。但问题是，最高人民法院判决可以对本院司法解释条文进行再解释吗？它的正当性何在？这一正当性的追问直指对司法解释自身正当性的理解。对于这些问题的理解，有助于发现最高人民法院判决在形成裁判规则功能上与司法解释的比较优势。甚至还可以反思，最高人民法院判决在多大程度上可能会替代司法解释？

第一，与最高人民法院判决相比，司法解释尤其是成文化的司法解释更有可能被批评为侵犯立法权。现在批评司法解释侵犯全国人大及其常委会的立法权，其实多半批评的是其规定内容涉及过多的实体权利分配，这些实体权利应由立法机关规定。全国人大常委会也意识到这一问题，不但在《立法法》第十条中明确排除了模糊授权的可能，规定“授权决定应当明确授权的目的、范围、期限以及被授权机关实施授权决定应当遵循的原则等”；还在《立法法》第四十五条明确“法律解释权属于全国人民代表大会常务委员会”。此外，《各级人民代表大会常务委员会监督法》（以下简称《监督法》）第三十三条，不仅明确了对司法解释的法律审查程序，也规定了以全国人大常委会法律解释来替代最高人民法院司法解释的程序。该条规定：“全国人民代表大会法律委员会和有关专门委员会经审查认为最高人民法院或者最高人民检察院作出的具体应用法律的解释同法律规定相抵触，而最高人民法院或者最高人民检察院不予修改或者废止的，可以提出要求最高人民法院或者最高人民检察院予以修改、废止的议案，或者提出由全国人民代表大会常务委员会作出法律解释的议案，由委员长会议决定提请常务委员会审议。”

由于最高人民法院司法解释和全国人大常委会法律解释的同质性很高，最高人民法院与全国人大常委会在解释法律问题上的权力边界实际上很难划清。相比之下，最高人民法院判决由于是在个案裁判中形成裁判摘要，其制度逻辑与全国人大常委会的立法制度逻辑并不相同，其与全国人大常委会法律解释发生冲突的可能性和激烈程度较司法解释要低。

第二，尽管最高人民法院司法解释比判决的影响力要大很多，但在整个法院系统内部，还有大量由地方法院所制定的各种规则。这些地方法院规则，包括高级人民法院、中级人民法院甚至基层人民法院制定的规定，而且还以不同形式或名称出现，既涉及程序性规定，也涉及实体性规定。[①] 尽管司法解释往往会成为地方法院规则的制定依据，但更多实质的裁判依据是

① 这样的例子数不胜数，如《北京市高级人民法院关于审理公司纠纷案件若干问题的指导意见（试行）》，参见北京市高级人民法院编：《审判工作规范》，法律出版社 2006 年版。

地方法院规则，尽管那些地方法院规则并不能被直接援引。

第三，最高人民法院判决最有可能在功能上替代批复。这是因为最高人民法院判决的裁判摘要与最高人民法院在个案基础上所做出的批复，两者都能够解决下级法院适用法律中存在的疑难问题。① 但两者的制度逻辑完全不同，批复的形成是建立在下级法官征询上级法官意见的基础之上，这体现出上下级关系的科层化特征，也变相剥夺了当事人的上诉权；而下级法院参照最高人民法院判决判案，则是建立在尊重先前法官判决的基础之上，是一种裁判程序而非行政管理程序。因此，适时逐步扩大最高人民法院判决的影响力，在功能上逐渐替代批复，有助于强化最高人民法院与下级法院关系的正当性。

第四，最高人民法院判决的裁判摘要比司法解释在程序和内容上更为细致，对社会经济生活的影响更可预期，这能让法院能力变得更强。裁判摘要是建立在个案裁判基础之上，其所形成的裁判规则，不仅对法律条文进行解释，对司法解释条文进行再解释也非常普遍。它对司法解释条文进行进一步细化的过程，干预范围相对较窄，利益群体寻租的可能性较小，干预的确定性相对较高，法院能力较强。因此，裁判摘要制度与美国法院实行的司法最低限度主义或称司法极简主义（Judicial Minimalism）有一定的相似性。最低限度主义的主要特征是“窄”和“浅”。“窄”即最低限度主义者更愿意对案件作出判决而不是制定宽泛的规则；“浅”即最低限度主义者尽量避免提

① 参见《最高人民法院行政审判庭关于严格执行行政审判工作请示制度的通知》（2000 年 12 月 29 日）。

出一些基础性的原则。[①] 此外，对于某一个具体法律问题而言，往往需要法院在较长时间内做出多个类似判决的裁判摘要，才能够形成较为详细的一套裁判规则体系。这要比在短时间内直接制定大量司法解释条文要更为细致、准确。

简言之，司法解释对社会经济生活的影响非常大。最高人民法院判决对社会经济生活的影响尽管相当局限，但这种影响的后果更可预期。如果裁判摘要可以在功能上逐渐替代司法解释，通过判决来解释具体法律条文，也就预示着未来最高人民法院功能定位可能的变化。最高人民法院对社会经济生活的调整，越来越会有所选择、自我约束。由于裁判活动本身采取"不告不理"的原则，最高人民法院审级为最高一级，法官与当事人的联系以及利益关系其实会越来越弱，最高人民法院如果通过判决来发挥影响力，将使得其在国家机构体系中扮演更为被动、中立、保守的角色。

通过引证发挥判决优势

既然最高人民法院判决和司法解释都具有形成规则的功能，并且有其比较优势，那么如何发挥判决的比较优势，扩大判决的影响力？特别是如何对以后类似判决产生影响力？最高人民法院虽然建立了裁判摘要制度，但对如何发挥这一制度的影响力并没有更多的制度性支持。裁判摘要制度其实与最高人民法院积极推行的案例指导制度极为相似。或者也可以说，裁判摘

---

① 不过两者的区别在于，裁判摘要主要是个案基础上的制定法解释，而司法最低限度主义主要是个案基础上的宪法解释。参见［美］凯斯·R. 桑斯坦：《就事论事——美国最高人民法院的司法最低限度主义》，泮伟江、周武译，北京大学出版社2007年版，第22—23页。

要制度就是案例指导制度的一种重要形式。指导性案例现在一般仅限于为各级法院法官在裁判案件过程中提供“参照”。但问题是，什么样的情形才可以称为“参照”？目前并没有固定做法，在没有制度约束的情况下，法官是否参照、参照到什么程度很难判断，“参照”极有可能流于形式，成为一种宣传口号。

在中国发挥最高人民法院判决的比较优势，扩大判决影响力的一个可行途径是引证（Citation）。所谓引证，是法院在判决时援引已有类似案件的判决。在当下，可以先行试点，让下级法院或最高人民法院在判决时援引《最高人民法院公报》上公布的最高人民法院判决。

但一定有不少人会质疑援引判决的正当性：这岂不是成为判例法意义上的遵循先例（Stare Decisis），岂不是挑战中国的制定法传统？这一看法并不准确。首先，中国虽然是制定法传统的国家，但古代一向有判例传统，在功能上起到发展制定法的作用。[①] 同属制定法传统的当代德国，在司法实践中早已出现法院援引判决的活动，并非与制定法截然冲突。

其次，引证判决并非等同于实行判例法。以美国联邦法院为例，法官在对个案进行解释时，遵循先例即判例法解释只是解释方法的一种，除此之外，还有宪法解释和制定法解释等方法，[②] 在同一案件中还有多种解释方法并用的可能。[③] 中国法院援引判决类似于判例法国家的制定法解释，从而作出对制定法

① 参见汪世荣：《中国古代的判例研究：一个学术史的考察》，载《中国法学》2006年第1期。

② 参见［日］望月礼二郎：《英美法》，郭建等译，商务印书馆2005年版，第112页；Max Radin, Statutory Interpretation, *Harvard Law Review*, 1930.

③ 例如，Statutory Interpretation - Second Circuit Holds that Health Care Funds Lack Standing to Sue Tobacco Companies under RICO-laborers Local 17 Health & Benefit Fund v. Philip Morris, Inc., 191 F. 3d 229 (2d Cir, 1999), *Harvard Law Review*, 2000, vol. 113。

进行解释的判决。这与“遵循先例”而作出的判决并不相同。[①]当然，也可以看到，即使是在判例法国家，为防范法院的制定法解释可能有侵犯立法权之嫌疑，法院往往会特别注重自我约束，并遵循较为严格的解释技术。[②] 这值得中国法院援引判决时借鉴。

从技术层面来看，引证判决并非援引判决的全部，更多的是援引判决的裁判摘要。援引裁判摘要也并非直接将其作为裁判依据，而是放在裁判文书的说理部分。这可以被认为是不具有法律效力但具有说服效力的制定法解释。将裁判摘要放在裁判文书的说理部分具有一定的可行性。因为从现有的司法实践来看，规章[③]及其他规范性文件都可以在裁判文书的说理部分中被引证，甚至没有任何法律效力的字典的内容[④]、教科书的内容也可以在裁判文书的说理部分中被引证。那么旨在增强判决的说服效力的裁判摘要，也是可以在裁判书的说理部分中被援引的。此时，判决最终的、直接的裁判依据仍是制定法。这与遵循先例制度中将先例中的判决理由（Ratio Decidendi）或判决中法律原则（Legal Principle）作为裁判依据并不相同。

---

① 黄源盛在比较民国时期大理院判例和英美法系的判例法体制时，也指出大理院的判例只是成文法典原则与规定的具体解释、价值补充和漏洞补充；由于成文法体系的存在，以及法律赋予审判官较大的自由裁量权和类推适用的权力，民国初期在判例的适用上，并不一味地遵从“先例约束原则”。判例虽然被下级法院广泛援用，但并未严格受制于既判力的约束。这恰恰说明了今日最高人民法院判决与大理院判例的相似之处。参见黄源盛：《民初大理院民事审判法源问题再探》，载李贵连主编：《近代法研究》第一辑，北京大学出版社 2007 年版。

② Intent, Clear Statements, and the Common Law Statutory Interpretation. in the Supreme Court, *Harvard Law Review*, 1982, vol. 95.

③ 《最高人民法院关于执行〈中华人民共和国行政诉讼法〉若干问题的解释》第六十二条第二款就规定：“人民法院审理行政案件，可以在裁判文书中引用合法有效的规章及其他规范性文件。”

④ Looking it up: Dictionaries and Statutory Interpretation, *Harvard Law Review*, 1994, vol. 107.

简言之，引证判决仍是在制定法的框架下展开的，并且也会受到立法机关的约束。尽管裁判摘要和司法解释一样，也会遇到司法非法性（Judicial Illegitimacy）的质疑。但裁判摘要是最高人民法院在个案裁判的基础上产生的，属于司法制度逻辑，而不是立法制度逻辑。其受到质疑的强度要远比司法解释弱。同时，如果为了规范判决的制定法解释活动，也可以由立法机关出面组织制定“制定法解释规则”。[①] 或者，立法机关可以通过制定新的立法规则（法律）来代替原来的裁判规则。例如，在美国，国会也可以推翻涉及制定法解释的法院判决。一项研究表明，在 1967 年到 1990 年，美国国会推翻了 121 个最高法院制定法解释的判决和 220 个下级法院制定法解释的判决。[②] 在中国，如果对法院解释制定法条文的活动存有异议，可以通过现有全国人大常委会的法律审查程序加以解决，从而规范最高人民法院判决的制定法解释活动。

让法院援引最高人民法院判决最重要的目的是增强判决的说服效力，提高法院和法官的公信力。但这需要一系列制度进行配套改革。

第一，这对法官援引判决的能力提出了更高要求。虽然中国是制定法传统的国家，法官裁判案件要严格适用法律，但法官裁判案件也是一个经验的过程。相似案件应予相似处理（like case should be treated alike），不仅是判例法国家法官，也是中国法官应遵循的基本原则。引证判决就是实践这一原则的最好的制度约束。例如，德国联邦最高法院在审理同类案件时，会不

---

① Nicholas Quinn Rosenkranz, Federal Rules of Statutory Interpretation, *Harvard Law Review*, 2002, vol. 115.

② William N. Eskridge Jr., Overriding Supreme Court Statutory Interpretation Decisions, *Yale Law Journal*, 1991, vol. 101.

厌其烦地在判决书中引用本院先前作出的判例，以保证“相似案件相似处理，不同案件不同处理”的司法平等原则，尤其要指出的是，如果某合议庭欲变更先前同类判例，需提交最高法院大审判庭来讨论。[①]

引证判决对法官提出的专业技能要求是，运用类比推理来适用、解释制定法条文。在制定法背景下，类比推理的展开需要考虑以下几个因素：（1）制定法文字的通常含义；（2）适用同一制定法规则的司法判例；（3）无争议的假设案件；（4）由同一制定法中其他一些规则所支配的案件或情况；（5）与制定法相联系的历史事件或情况；（6）与法律制定同时期的经济和社会实践；（7）立法史。[②] 简言之，就是运用区别技术对以前的判决中的事实或法律问题和现在审理案件中的事实和法律问题加以比较，了解它们之间的异同，衡量相同点和不同点的重要程度。如果相同点更重要，即加以类推适用判决。

但中国法官所擅长的裁判技能仍是演绎推理即逻辑三段论，是以制定法条文为大前提得出结论。目前法律职业教育也是以法律条文分析为主，以类比推理为中心的判例教育还没有开展起来。[③] 在这个意义上，法院改革与法学教育改革是同步的。如果在短时期内，期望法官普遍掌握类比推理技术有难度，可以先从律师职业培训着手。因为律师直接代表当事人的利益，最有动力协助当事人找到法院已有的类似判决，律师可以撰写报告对现有争议和已有类似判决加以类比推理，呈送并说服法官。这在实践中已经经常出现，有必要大力推广。

---

① 参见欧宏伟：《联邦德国最高法院民事判决书评介》，载《法律适用》2007 年第 6 期。

② 参见［美］史蒂文·J. 伯顿：《法律和法律推理导论》，张志铭、谢兴权译，中国政法大学出版社 1998 年版，第 89 页。

③ 更多的分析，参见何美欢：《论当代中国的普通法教育》，中国政法大学出版社 2005 年版。

第二，编纂裁判摘要是相当烦琐的工作。对于最高人民法院而言，不仅有数个涉及不同业务分类的审判庭，而且内部尚有数十个合议庭或审判组。这样，作出判决难免存在差异。由最高人民法院判决编纂委员会或审判委员会来汇编整理，特别是采取裁判摘要附在法律条文或现有司法解释之后的形式，这需要花费相当的人力物力。当然，如果这一步能够完成，这其实也提醒了最高人民法院法官们今后如何审理案件。为了减少编纂负担，最高人民法院的法官们在审理案件时，都应当精心查找并慎重分析已有类似判决，尽心竭力地撰写详细周到的裁判文书。

第三，逐步扩大总结裁判摘要的判决数量，提升裁判摘要的质量和合法性。我国台湾地区的经验是，依据其所谓的“法院组织法”第五十七条规定：“‘最高法院’之裁判，其所持法律见解，认有编为判例之必要者，应分别经由院长、庭长、法官组成之民事庭会议、刑事庭会议或民、刑事庭总会决议后，报请‘司法院’备查。‘最高法院’审理案件，关于法律上之见解，认有变更判例之必要时，适用前款规定。”同时，其所谓的“‘最高法院’判例选编及变更实施要点”作出了更为具体细致的规定。

而在中国大陆，形成裁判摘要的最高人民法院判决的编纂并没有一个系统的、制度化的操作程序。目前只是在《最高人民法院公报》上公布形成裁判摘要的最高人民法院判决。个别的刑事判决在公布之前，还需要经过最高人民法院审判委员会的讨论。除此以外，最高人民法院各个审判庭还会专门出版判决汇编。[①] 其中有大量的判决“法理提示”，这种非正式的“法

① 例如，最高人民法院行政审判庭编：《最高人民法院最新行政裁判汇编》，中国法制出版社 2012 年版。本书汇集了最高人民法院自《中华人民共和国行政诉讼法》实施以来有代表性和有法律意义的行政判决和裁定。其中，行政判决书 62 份，行政裁定书 44 份。

理提示”也可以通过改造形成裁判摘要。

最有可能的改造方式是成立最高人民法院判决编纂委员会。主要是对已有判决加以分类并整合各个审判庭的力量进行整理，形成一个包括刑事、民商事和行政判决在内的裁判摘要汇编大全。科学编纂特别是运用网络技术编纂裁判摘要汇编大全，能够最大限度方便法官搜索已有类似判决，提高法官的裁判效率。这一点在判例法国家已经成为现实，如 LexisNexis 数据库的 Shepard 报告服务（谢泼德引证服务）是极普遍的查找先例的法律引证数据库。建立法律引证数据库的模式值得中国借鉴。

第四，在数量上增加具有普遍法律适用意义的最高人民法院判决，其前提是减少现有的案件数量。但现有的案件筛选机制（如民商事案件筛选机制）主要以诉讼标的金额为标准，这使得最高人民法院的案件负担过重。而减少案件负担的最根本方式就是改变现有审级体制，将现有二审终审制改造为以二审终审制为主、三审终审制为辅的审级体制。具体来说，就是赋予中级人民法院更大管辖权，将更多的二审案件控制在高级人民法院。最高人民法院三审案件的筛选，可以采用调卷令制度，[①] 由最高人民法院依据法律意义标准来筛选案件。这种做法看似模仿美国联邦最高法院，但在中国存在着操作的可能性。这既能够维持现有二审终审体制，也可以改造再审制度。再审制度弊病甚多，相当多的再审案件其实上就是采取调卷令方式。因此，可以将再审制度改造为有限制的三审终审制。[②]

---

① ［美］伦斯特洛姆编：《美国法律辞典》，贺卫方等译，中国政法大学出版社 1998 年版，第 280 页；Lawrence Baum，*The Supreme Court*，Congressional Quarterly Inc，1999，pp. 32-109.

② 有关中国实行有限三审终审制的论证理由，如事实问题和法律问题的区分，还可参见傅郁林：《论最高人民法院的职能》，载《中外法学》2003 年第 5 期。此外，苏力从法官知识需求的角度也提出了将最高人民法院改造为上诉法院的具体主张，参见苏力：《道路通向城市：转型中国的法治》，法律出版社 2004 年版，第三章“最高法院、公共政策和知识需求”。

协同改革的整体布局

究竟让最高人民法院判决发挥多大的影响力，这不仅涉及最高人民法院的改革布局，也涉及全国人大及其常委会的法律改革布局。在现有政法体制内，最高人民法院判决并不可能完全取代司法解释，但让最高人民法院判决发挥更大的影响力，是让最高人民法院成为名副其实的“最高审判机关”的一个重要改革步骤。在一个相当长的时期内，这不仅要通过最高人民法院判决自身改革，也需要与全国人大及其常委会的立法改革、最高人民法院的司法解释改革统筹协调，进行整体布局。

第一，全国人大及其常委会立法改革的趋势，应当是增强法律的可裁判性。如果法律能够直接为法院所援引和裁判，就不需要最高人民法院制定那么多的司法解释。这里也要澄清对法律的一种认识误区：有相当多的人认为，法律就是规定人们行为的社会规范。这一见解并不准确，特别是对于民事活动而言，法律仅仅是一种可选择的关于人们行为的社会规范。法律本质上应当是一种裁判规范，当出现纠纷时为法院所援引。而现在的问题是，正是由于制定出来的法律往往较难为法院直接援引，才出现由司法解释替代的现象。因此，立法机关应当从增强法律的可裁判性出发，进行立法民主改革，提高立法质量。

第二，最高人民法院的司法解释改革可以从如下几个方面展开。

1. 制定司法解释应有明确的立法授权。目前司法解释的制定属于模糊立法授权，如果采取明确立法授权的方式，或可避免侵犯立法权之嫌疑。这在目前的立法实践中已有先例可循。例如，《企业破产法》第二十二条第三款规定：“指定管理人和确定管理人报酬的办法，由最高人民法院规定。”

2. 如果只能维持现有司法解释格局不变，那么在制定司法解释的法律技术上，应采取严格针对具体的法律条文进行解释的方式。即某一司法解释文件的每一个条款都应是针对某一个具体法律条文进行解释，而不是笼统地依据某某法律。值得注意的是，刑事司法解释与民事司法解释文件相比，其法律解释规范化程度明显更高，其针对某一类法律问题制定的司法解释，如《关于审理破坏林地资源刑事案件具体应用法律若干问题的解释》，基本上是严格针对具体法律条文进行逐条解释。未来改革的重点应当针对民事司法解释。

3. 即便是针对具体法律条文进行解释的司法解释条款，但运用不同的解释方法（如扩大解释、目的解释）往往仍会有侵犯立法权之嫌。那么，如果诉讼当事人对于其所适用的司法解释条文存有异议（而不是适用错误），还可以依据《立法法》和《监督法》的相关条文，提请全国人大常委会进行法律审查。

4. 最终的改革方向是将司法解释的范围限于法院组织管理、不同类型案件的诉讼程序，即将涉及实体权利配置的司法解释转变为法院管理和诉讼程序的规则。

第6章　判决对司法解释的引证

本章主要讨论最高人民法院司法解释在整个法院系统中的司法影响力。而一个重要的衡量指标，就是司法解释被法院判决书（裁判文书）引证的程度。一方面，司法解释文件或单个司法解释条文被判决书引证次数的多少，在一定程度上能够反映出司法解释的实际效果；另一方面，司法解释被判决书引证的规范化程度，也会影响法院包括最高人民法院的公信力。因此，关注司法解释与法院特别是最高人民法院的判决书之间的联系，就尤为必要。

本章以民事司法解释为例，分析包括最高人民法院在内的各级法院判决书对司法解释的引证情况。这一研究在学术上有一定的开拓意义，如已有的引证研究基本上是法学引证，[①] 本章则讨论法律引证，集中分析作为规范性文件的司法解释被判决书引用的情况。尽管这一研究是初步的，但它重在提出问题。

法律引证研究的展开，要得益于良好的法律引证检索工具。

---

① 例如，苏力：《从法学著述引证看中国法学——中国法学研究现状考察之二》，载《中国法学》2003年第2期；成凡：《从竞争看引证——对当代中国法学论文引证外部学科知识的调查分析》，载《中国社会科学》2005年第2期。

美国有着发达的法律引证检索系统，如 LexisNexis 数据库的 Shepard's Citation Service（谢泼德引证服务）。该服务能够提供以下材料的综合引证历史和评价：联邦判例法，包括未公布之判决；来自美国全部 50 个州及华盛顿特区和波多黎各的判例；美国法典以及来自全部 50 个州的法典；规章，包含联邦行政法典；美国联邦和州的宪法条文；法院规则，包括联邦证据规则和联邦民事程序规则；特定的法律出版物；单个美国专利；加拿大判例法；同时，Shepard's 还能提供查找渊源的功能，如查找所引用案例和相关的文章。① 运用 Shepard's Citations 服务进行法律/判例引证检索，已经成为美国法学院职业训练 Legal Research and Writing 的重要内容。②

相比较而言，中国法律引证的作用还没有受到足够重视，法律引证的检索系统还刚刚起步。本章的检索工具是北大法意（http：//edu. lawyee. net/）。它能够检索法院判决书对法律法规、司法解释的引证情况，其正确率在 80%以上，这能够保证本章数据具有相当高的可信度。

判决援引司法解释

本章的一个基本假设是，司法解释被各级法院的判决书引证次数越多，最高人民法院的司法影响力就越大，其社会经济影响力也就更大（尽管可能有时是负面的）。但这一假设会被提

① 网址为 https：//www. lexisnexis. com/ap/auth/。在 Shepard's Citations 服务结果中还包括：判决公布并上传之后的 24—48 小时便可获得全面的分析材料；未公布的判决，法律期刊和法律注释；验证渊源的官方和非官方引证；链接所引用案例的相关案件；用最便捷的方法支持查找法律争点或事实状态。

② Stephen Elias and Susan Levinkind, *Legal Research: How to Find and Understand the Law*, Bertelsmann Industry Services, Inc. , 1997, Chapter 9.

出质疑。因为司法解释有可能被贯彻执行，却没有直接引证，因此，不能以此来精确衡量最高人民法院的司法影响力。笔者并不认为质疑没有道理，但这并不足以颠覆假设命题。因为，尽管最高人民法院曾经要求禁止援引司法解释，强调“最高人民法院提出的贯彻执行各种法律的意见以及批复等，应当贯彻执行，但也不宜直接引用”，[①] 因此，仅从这个字面规定上来看，似乎无法以此衡量最高人民法院的司法影响力。或者也可以这样说，不直接援引司法解释，才是体现了最高人民法院的司法影响力。

实际上，判决书援引司法解释的现象十分普遍。随着司法解释的规范化程度越来越高、判决书被要求增强说理部分等改革趋势的强化，1997年，最高人民法院在《关于司法解释工作的若干规定》（现已失效）中正式确立了司法解释被引证的地位。其第十四条第一款规定：“司法解释与有关法律规定一并作为人民法院判决或者裁定的依据时，应当在司法文书中援引。”因此，在这样的情形下，如果判决书应该援引而没有援引司法解释，恰恰说明最高人民法院的司法影响力还不够大。[②]

司法解释本身是为了解决法律的可适用性问题。但不同的司法解释，其适用效果并不相同，体现出最高人民法院不同司法解释的不同司法影响力。如表6.1所示：[③]

---

① 《最高人民法院关于人民法院制作的法律文书如何引用法律规范性文件的批复》（1986年10月28日）。该批复已于2013年1月18日被废止。

② 最高人民法院司法解释不让直接援引的情形，如今同样发生在高级法院制定实施的规范性文件之中。例如，2006年6月27日，广东省高级人民法院印发《广东省高级人民法院关于审理汽车消费贷款保证保险纠纷案件若干问题的指导意见》。在通知中就指出，注意不要在裁判文书中直接引用该指导意见。

③ 本次的检索日期是2007年7月6日。需要说明的是，虽然数据结果在今天看来已经陈旧，但通过引证来讨论司法解释的影响并没有过时。而且，从历史角度看，在今天扎堆讨论大数据司法研究的情形下，本章在十多年前就开始讨论了，因而具有先见性的示范意义。

表 6.1　民事司法解释的引证情况

司法解释名称	引证次数	法律名称	引证次数	引证率
民法通则意见	173	民法通则	51489	0.3%
合同法解释	476	合同法	2719	17.5%
担保法解释	1109	担保法	7438	14.9%

当时，北大法意检索系统共收入判决101851件，其中民事经济判决 55277 件，以上判决包括一审、二审和再审案件。尽管文件的实施时间也是一个变量，但该变量不足以影响推论的正确性。表中文件名称使用简称，《民法通则意见》即《最高人民法院关于贯彻执行〈中华人民共和国民法通则〉若干问题的意见（试行）》，《合同法解释》即《最高人民法院关于适用〈中华人民共和国合同法〉若干问题的解释（一）》，《担保法解释》即《最高人民法院关于适用〈中华人民共和国担保法〉若干问题的解释》，《民法通则》即《中华人民共和国民法通则》，《合同法》即《中华人民共和国合同法》，《担保法》即《中华人民共和国担保法》。

如表 6.1 所示，在三个司法解释中，《民法通则意见》尽管实施时间最早，但被判决书引证次数却最少。特别是将判决书对司法解释的引证次数与对法律的引证次数进行比较后发现：每援引《民法通则》100 次的判决书，却只有 0.3 次援引《民法通则意见》；援引《合同法解释》《担保法解释》的次数则有 17.5 次和 14.9 次。因此可以推断，《合同法解释》《担保法解释》对下级法院的影响力比较大。最高人民法院制定的《民法通则意见》对各级法院的影响力很小。

笔者在调查中发现，《民法通则意见》的引证数偏少，可能与后来的另一份《民法通则意见（修改稿）》有一定关系。这份《民法通则意见（修改稿）》全称是《最高人民法院关于贯彻执行〈民法通则〉若干问题的意见（修改稿）》，有可能是最高人民法院在 1990 年 12 月发布的征求意见稿，没有标明“经最高人民法院审判委员会讨论通过”的字样，因此并非正式印发的文件，但流传甚广。在业内，不论是律师实务界还是法院，都曾经被正式或非正式援引过很多次。

对于司法解释的引证，不仅可以分析单部司法解释，也可以分析同一部司法解释中诸多独立的具体条款。以《担保法解释》中不同条文的引证情况为例，在 1109 次判决书引证中，被引证次数排名前三的条文，分别是第四十二条、第七条、第三十二条。其中，第四十二条①被判决书引证 211 次，占总引证次数的 19.03%。但笔者关注的重点并不在引证次数最多的这些条文，而是那些被判决书引证 0 次的条文。这种情况在《担保法解释》中共有 43 条，占全部 134 条的 32.09%。即使在这 43 条中除去几条技术性条款，引证 0 次的条文比率仍显偏高。

这样可以大致推断：由于司法解释本身是为了解决法律的可适用性问题，如果司法解释条文没有被判决书引证/适用，则可能表明这些条文的制定并没有在司法实践中直接发挥作用。当然，有些条文也是基于司法解释体系的完备性而制定的。在实践中还有一种可能，即高级人民法院、中级人民法院有时通过制定规范性文件来解决司法解释的可适用性问题。当然，也并不排除司法解释中有一些条文就是为了预防未来的情势变化，因此更多强调其具有可预期性。但就法院功能来说，法院本应

① 第四十二条规定：“人民法院判决保证人承担保证责任或者赔偿责任的，应当在判决书主文中明确保证人享有担保法第三十一条规定的权利。判决书中未予明确追偿权的，保证人只能按照承担责任的事实，另行提起诉讼。保证人对债务人行使追偿权的诉讼时效，自保证人向债权人承担责任之日起开始计算。”

只是解决已发生的问题；对未发生的问题的预防和预期，这其实是立法的功能。

司法解释的引证规范化

不过，本章试图讨论的不仅仅是通过判决书对司法解释的引证来判断最高人民法院司法影响力的大小。笔者认为，进一步分析最高人民法院（司法解释）司法影响力的规范化程度同样重要。

首先遇到的问题是，司法解释是否应该通过被引证来发挥其司法影响力。无论是大陆法系还是普通法系国家，判决书都没有援引最高法院司法解释的传统。即使是一些国家的最高法院有制定司法解释的权力，也仅涉及规范法院组织的程序性规范，并不涉及实体性权利规范，因此无须在判决书中引证。

中国的情况比较特殊。一方面，法院体系具有科层制特征，另一方面，随着司法解释的规范化程度越来越高，司法解释更像立法规范，具有一般性和抽象性，既有程序规范，又有实体规范。特别是在法律的可适用性不理想的情况下，司法解释在很大程度上具有替代立法的功能。例如，2007 年 3 月通过的《物权法》，当时法院普遍感到无法适用。因此，最高人民法院在 2007 年 7 月宣布制定物权法解释。

在这样的情况下，最高人民法院规定判决书的裁判依据部分先援引法律，后援引司法解释。司法解释以尊重法律为前提，在一定程度上确定了司法解释引证的合法性。不过值得注意的是，取代《最高人民法院关于司法解释工作的若干规定》（1997 年 7 月 1 日实施）的《最高人民法院关于司法解释工作的规定》（2007 年 4 月 1 日实施），在措辞上发生了细微变化。前者规定：

“司法解释与有关法律规定一并作为人民法院判决或者裁定的依据时，应当在司法文书中援引。援引司法解释作为判决或者裁定的依据，应当先引用适用的法律条款，再引用适用的司法解释条款。”而后者规定：“司法解释施行后，人民法院作为裁判依据的，应当在司法文书中援引。人民法院同时引用法律和司法解释作为裁判依据的，应当先援引法律，后援引司法解释。”①

在判决书中，被引证的不仅有司法解释，还有最高人民法院制定的其他规范性司法文件。不同类型的司法文件出现在判决书主文的不同部分，因此，其被引证的意义也各有不同。一般说来，法院判决书主文可以分为“事实认定部分”、“说理（说明理由）部分”和“裁判依据部分”。司法解释最常见的被引证情形出现在“裁判依据部分”，值得注意的是，在“裁判依据部分”被引证的司法解释，往往是那些规范化程度较高的司法解释，即“解释”和“规定”。而最高人民法院的其他规范性司法文件，如“批复”“解答”“函”“通知”“会议纪要”等，规范化程度较低，往往是出现在判决书主文的说理（说明理由）部分。试举几例如下：

最高人民法院在“艾威亚洲毛里求斯有限公司与北方国际集团天津纺织品进出口有限公司、天津纺织品进出口公司李明庄仓库、天津纺织品进出口公司汽车队［（2006）民四终字第12号］”判决中，援引了批复。“根据本院1993年11月17日法复〔1993〕10号《关于如何确定借款合同履行地问题的批复》，除当事人另有约定外，贷款方所在地为合同履行地。……因此，就合同履行地而言，本案借款合同的履行地应认定为天

① 此外，《最高人民法院关于裁判文书引用法律、法规等规范性法律文件的规定》（法释〔2009〕14号）第二条也规定，“并列引用多个规范性法律文件的，引用顺序如下：法律及法律解释、行政法规、地方性法规、自治条例或者单行条例、司法解释”。

津市……”

最高人民法院在“何荣兰与东营市海科化学工业有限责任公司、东营水泥制品厂、东营市黄河口建材开发总公司［（2003）民一终字第46号］”判决中，援引了函。即“1995年7月3日，最高人民法院法函（1995）95号《关于当事人就级别管辖提出异议应如何处理问题的函》规定，当事人就级别管辖提出管辖异议的，受诉法院应认真审查，确无管辖权的，应将案件移送有管辖权的法院，并告知当事人，但不作裁定”。

最高人民法院在“北海市威豪房地产开发公司、广西壮族自治区畜产进出口北海公司与广西北生集团有限责任公司［（2005）民一终字第104号］”判决中，援引了通知。即“依照最高人民法院《关于审理房地产管理法施行前房地产开发经营案件若干问题的解答》第7条的规定，……北生集团的该点上诉理由，亦不能成立”。

最高人民法院在“中国东方资产管理公司兰州办事处与宁夏回族自治区财政厅［（2004）民二终字第84号］”判决中，援引了通知。即“本院法发［1997］2号《关于当前人民法院审理企业破产案件应当注意的几个问题的通知》第三条规定：……为了进一步解释该条内容的精神，本院又以法函［1998］74号《关于贯彻执行法发［1997］2号文件第三条应注意的问题的通知》专门作出了如下解释……”。

最高人民法院在“黑龙江哈尔滨华龙交通建设有限公司与中国光大银行黑龙江分行、黑龙江国际工程技术合作集团公司［（1999）经终字第208号］”判决中，援引了会议纪要。即“根据我院1989年6月12日法（经）发〔1989〕12号《全国沿海地区涉外、涉港澳经济审判工作座谈会纪要》的有关规定，人民法院不应裁定冻结本案信用证项下之款项。因此，原审判决关于‘华龙公司的保全申请违反法律规定、不符合国际惯例，由此造成迟延付款的利息、损失由其负担’的认定是正确的”。

最高人民法院在“中青基业投资发展中心与四川平原实业发展有限总公司［（2000）经终字第 94 号］”判决中，援引了会议纪要。即“本院根据《期货交易管理暂行条例》第四十四条第一款，本院《关于审理期货纠纷案件座谈会纪要》第五条第（一）款，《中华人民共和国民事诉讼法》第一百五十三条第一款第（二）、（三）项和第一百五十八条之规定，判决如下：……”。

在这些最高人民法院的判决书中，只有“中青基业投资发展中心与四川平原实业发展有限总公司”判决是将会议纪要作为裁判依据。但笔者更愿意将其看作一个“意外”。其他的判决中，规范化程度比较低的司法文件均是出现在“说理（说明理由）部分”。这在相当程度上体现出最高人民法院在判决书规范化上的一种努力。当然，继续努力的方向，应该是尽量减少制定规范化程度较低的司法解释和其他司法文件，以提升最高人民法院的司法公信力。

判决与司法解释的衔接

笔者在阅读最高人民法院判决书的过程中发现，有一些判决书在援引司法解释时，往往会对司法解释条文进行再解释，形成新的裁判规则。在这个意义上，最高人民法院的判决突破了自己以往制定的司法解释。试举几例如下：

最高人民法院在“（日本）本田技研工业株式会社、东风本田汽车（武汉）有限公司与河北新凯汽车制造有限公司、高碑店新凯汽车制造有限公司、北京鑫升百利汽车贸易有限公司

[（2005）民三终字第2号]”判决中指出：

> 《最高人民法院关于审理专利纠纷案件适用法律问题的若干规定》第二条规定：“专利纠纷第一审案件，由各省、自治区、直辖市人民政府所在地的中级人民法院和最高人民法院指定的中级人民法院管辖。”本条规定的本意在于专利纠纷案件的最低审级应当是这些指定的中级人民法院，并未排除高级人民法院依法行使一审专利纠纷案件管辖权。

最高人民法院在“中国银行重庆江北支行与中国农业银行襄樊市樊东支行、重庆市渝北区对外贸易公司[（2003）民四终字第21号]”判决中指出：

> 根据本院《担保法》解释第八条即“主合同无效而导致担保合同无效，担保人无过错的，担保人不承担民事责任；担保人有过错的，担保人承担民事责任的部分，不应超过债务人不能清偿部分的三分之一”的规定，……关于樊东农行是否存在过错的问题。在主合同无效导致担保合同无效的情形下，担保人并非主合同的当事人，主合同无效不应当要求非合同当事人的担保人承担无效结果。因此，担保人的过错不应是指担保人在主合同无效上的过错。担保人的过错应当包括：担保人明知主合同无效仍为之提供担保、担保人明知主合同无效仍促使主合同成立或为主合同的签订作中介等。

最高人民法院在“中国银行海南省分行与海南华侨投资股份有限公司、中国科技国际信托投资有限责任公司、海南中平木业有限公司［(2003) 民二终字第 175 号］”判决中指出：

> 最高人民法院 144 号文件第一条虽载有“未向保证人主张权利的”的内容，但该用语系对资产管理公司所受让债权的状态描述，并非是适用该通知的必要条件。对于《担保法》生效前签订的保证合同中没有约定保证期间或约定不明确的，只要主债务没有超过诉讼时效期间，无论债权人是否向保证人主张过权利，均不影响债权人依照 144 号文件的规定向保证人主张权利。

判决通过对司法解释的具体适用而形成的新裁判规则，不仅具有抽象化和一般化特征，在适用范围和内容上也更为严格和细致。从功能主义的角度来看，这些通过个案形成的裁判规则和规范化的司法解释的功能是相似的。实际上，在司法解释的制定过程中，通过个案形成的裁判规则往往会被吸收进去。这就不免令人生疑：既然裁判规则的功能和司法解释的功能相似，为什么要增加成本再制定司法解释呢？[①]

当然，这并不是说要立即废除司法解释。在现有制度框架内，遵循路径依赖原则，当务之急是考虑如何解决司法解释与判决（特别是有普遍意义的判决）“两张皮”的现象，将司法

① 其他对司法解释进行再解释的情形还包括，最高人民法院院长或副院长的讲话、最高人民法院法官撰写的“司法解释的理解与适用”。此外，像高级人民法院的指导意见也存在再解释的问题。例如，北京市高级人民法院民二庭《北京市高级人民法院关于审理公司纠纷案件若干问题的指导意见（试行）的说明》、浙江省高级人民法院民事审判第二庭《关于民事诉讼证据的若干规定》的理解与适用。

解释和判决的功能衔接起来，达到增强法院政策的说服力、提高法院公信力的目的。

可以尝试以下两种办法来加强司法解释与判决之间的联系。一是在正式公布司法解释文本时，将每一条司法解释可能涉及的判决，特别是最高人民法院的判决附后，以此来表明该条司法解释的经验/判决来源。二是总结判决（特别是最高人民法院多个判决）对同一条司法解释引证的经验。例如，最高人民法院多个判决都援引《担保法解释》第四条，但在不同个案的适用过程中进行了不同的解释。举例判决如下：

最高人民法院在“国泰君安证券股份有限公司与郑州信托投资公司、白鸽（集团）股份有限公司［（2001）民二终字第85号］”判决中指出：

> 至于白鸽股份公司作为上市公司年报内容虽有其投资记载，但其内容是针对证监会、证券交易场所和投资股东的，并非所有人都有义务知晓，同时，对郑州信托投资公司是否明知白鸽股份公司的股东身份，即是否对担保合同的无效存在主观过错，应当由上诉人国泰君安证券公司举证，但国泰君安证券公司始终不能举出充分证据予以证明，因此其上诉中关于不承担本案连带赔偿责任的主张，本院不予支持，原审法院依据《担保法解释》第四条规定，判决国泰君安证券公司承担连带赔偿责任正确，应予维持。

最高人民法院在“温州国际信托投资公司清算组与湖北幸福实业股份有限公司、幸福集团公司［（2002）民二终字第67号］”判决中，指出：

> 依照《公司法》第六十条及《公司法》解释第四条的规定，实业公司为其股东集团公司提供的担保应认定为无效。因转让协议中明确规定集团公司到期不能清偿温州国投该笔债务的，由其持有的实业公司的法人股股票折抵债务，故债权人温州国投对实业公司为其股东集团公司提供担保应是明知的，鉴于温州国投和实业公司违反法律禁止性规定签订保证合同，对该担保无效均具有过错，故依照本院《担保法》解释第七条的规定，对担保无效所造成的损失，即债务人集团公司不能清偿债务部分，实业公司应在 50% 范围内承担赔偿责任，其余损失温州国投应自行承担。

最高人民法院在“福建省中福实业股份有限公司与中国工商银行福州市闽都支行、中国福建国际经济技术合作公司、福建九州集团股份有限公司［（2000）经终字第 186 号］”① 判决中指出：

> 《公司法》第六十条第三款对公司董事、经理以本公司财产为股东提供担保进行了禁止性规定，实业公司的公司章程也规定公司董事非经公司章程或股东大会批准不得以本公司资产为公司股东提供担保，因此，

① 实际上，在最高人民法院内部，审理法官和没有审理的法官对该判决的意见也截然对立。反对者认为公司可以为股东提供担保，可能是基于特定情形的考虑，对《公司法》相关条文界定了更为严格的适用范围。参见曹士兵：《公司为其股东提供担保的法律效力分析——从法律适用到利益衡量》，载《中国民商审判》（第 1 卷），法律出版社 2002 年版，第 293—303 页；虞政平：《公司可以为其股东提供担保——〈公司法〉第 60 条第 3 款之解读》，载《法律适用》2003 年第 7 期。

实业公司以赵裕昌为首的五名董事通过形成董事会决议的形式代表实业公司为大股东中福公司提供连带责任保证的行为，因同时违反法律的强制性规定和实业公司章程的授权限制而无效，所签订的保证合同也无效。对此，《担保法》解释第四条已作了明确规定。法律已明文禁止公司董事以公司财产为股东提供担保，则董事在以公司财产为股东提供担保上无决定权。董事会作为公司董事集体行使权力的法人机关，当现行法律对董事会对股东提供担保无授权性规定，公司章程或股东大会对董事会无授权时，董事会也必然因法律对各个董事的禁止性规定而无权作出以公司财产对股东提供担保的决定。因此，《公司法》第六十条第三款的禁止性规定既针对公司董事，也针对公司董事会。这符合我国公司法规范公司关联交易、限制大股东操纵公司并防止损害中小股东利益的立法宗旨。

最高人民法院在“中国进出口银行与光彩事业投资集团有限公司、四通集团公司［（2006）民二终字第49号］”判决中指出：

修订前《公司法》第六十条第三款规定……。该条规定是对公司董事、高管人员未经公司批准，擅自为公司股东及其他个人债务提供担保的禁止性规定。但该规定并非一概禁止公司为股东担保，对有限责任公司而言，符合公司章程，经过公司股东会、董事会批准，以公司名义进行关联担保，修订前《公司法》并未明确加以禁止。上述条款的立法目的是为了限制大股东、控股股东操纵公司与自己进行关联交易，损害中小股东的利益，以维护资本确定原则和保护中小股东权益。对经公司股东会、董事会同意以公司资产为小股东进行担保当不属禁止和限制之列。从价值取向的角度考量，在衡平公司债权人与公司股东利益冲突时，应优先保护公司债权人的利益。

这四个判决都是援引《担保法解释》第四条，基于不同的案件特征，其适用/解释也有所不同。但在整体上，四个判决之间具有延续性。第一个判决（简称国泰君安担保案）与第二个判决（简称温州信托担保案）具有相当的相似性：主审法官都是同一人，都判决公司担保合同无效。但国泰君安担保案的关键在于举证责任分配问题，法官认为应当由担保人举证“债权人知道或者应当知道”，由于担保人不能提出举证，因此判决担保人承担赔偿责任；温州信托担保案中则根据现有证据直接推定“债权人知道或者应当知道”，不存在举证责任分配问题，并适用《担保法解释》第七条来详细分配赔偿责任比例。

第三个判决（简称中福实业担保案）与第四个判决（简称进出口银行担保案）都是关注经过董事会同意的公司担保合同到底有没有效力问题。但是，两个判决的主审法官不同，案件的具体情境亦不相同。在中福实业担保案中，法官认为《公司法》第六十条第三款是禁止性规范，且公司章程没有授权董事会，因此，基于保护中小股东利益的价值衡量，判决公司担保合同无效。但在进出口银行担保案中，法官则根据案件的特殊情境，认为《公司法》第六十条第三款并非完全禁止公司为股东担保，对有限责任公司而言，符合公司章程，经过公司股东会、董事会批准，应当认定公司担保合同有效，以保护债权人的利益。

尽管上述判决的情境不同，结果不同，但由于都是对同一个司法解释条文的引证，从整体上进行归纳整理具有相当的意义。这种意义不仅在于每一个判决可能都是对已有类似判决适用范围的拓展，具有形成特定的、有限的裁判规则意义。同时，这也有助于后来的法官在遇到相似案例、援引同一司法解释条文时，能够在此基础上进行类推适用/类推推理。对法官而言，虽然《刑法》禁止类推适用，但在其他类型的案件中，类推适用的思维方式不可避免。类推适用“简单说来就是规则 A 适用于某个案件 B，另一个案件 C 由于与 B 在某方面具有非常大的相似性，而这一相似性恰好又是规则 A 适用于 B 的原因，那么 A 也应该适用 C”①，法官通过识别出哪些案件跟眼前要处理的案件在有关方面具有相似之处，② 才能作出合乎情理的判决。

法官的判决必须建立在对已往类似判决进行分析判断的基础上，才更有说服力和公信力。实际上，这也表明，对法官能力的训练不仅仅在于适用法律条文、进行逻辑训练，更要积累对已往类似判决的分析经验。在此意义上，英美法系的遵循先例原则③其实也是适用于中国的法官的。这意味着，中国法官在作出裁判时，不仅要了解上级法院以及本级法院已往的判决，更要学会思考并论证为什么不援引已往类似判决。

① 吴庆宝主编：《最高人民法院专家法官阐释民商裁判疑难问题》，人民法院出版社 2007 年版，第 300—301 页。

② 桑斯坦（又称孙斯坦）认为：“这种能力是实实在在的，尽管我们不能找到某个一般性规范为这种相似或相异之处提供一个标准，也不能说明为什么存在这种能力。”参见［美］凯斯·R. 孙斯坦：《法律推理与政治冲突》，金朝武等译，法律出版社 2004 年版，译者前言。

③ See, Four reasons that are usually offered for adherence to precedent: Predictability, Reliance, Equality, Efficiency. G. Alan Tarr, *Judicial Process and Judicial Policymaking*, West Publishing Company 1994, p. 273.

通过引证提升法院公信力

无论如何，最高人民法院制定司法解释不是审判性质，而是审议性质的。[①] 司法解释不是裁判制度的结果，而是议事制度的结果。这不符合最高人民法院的根本特征。因此，协调司法解释与类似判决集群（特别是具有法律意义的类似判决集群），可能是最高人民法院在相当长的时期需要处理的一个重要问题。实际上，最高人民法院内部也在及时整理判决中形成的裁判规则。例如，在《最高人民法院公报》中已经针对一些典型案例归纳提炼裁判摘要，裁判摘要就是在判决中形成的对司法解释以及法律进行具体适用而形成的裁判规则。[②] 尽管这种做法还没有全面推开，但值得肯定。

更为积极的官方表达，体现在最高人民法院发布的《人民法院第二个五年改革纲要（2004—2008）》。其中第四条规定："改革民事案件管辖制度。……逐步做到高级人民法院不审理不具有普遍法律适用意义的第一审案件。"以及第十二条规定："改革下级人民法院就法律适用疑难问题向上级人民法院请示的做法。对于具有普遍法律适用意义的案件，下级人民法院可以根据当事人的申请或者依职权报请上级人民法院审理。上级人民法院经审查认为符合条件的，可以直接审理。"第四条体现出高级人民法院正在走向法律审的改革方向，第十二条则是反映

---

① 参见［美］亨利·M. 罗伯特：《议事规则》，王宏昌译，商务印书馆1995年版，第16页。

② 可以类比的是，归纳"裁判要旨"的方法，似乎在某种程度上是向当年民国初期大理院（以及后来的最高人民法院）做法（判例要旨汇编）的一种回归，这都是最高人民法院在转型时期的类似做法。参见张生：《民国初期民法的近代化——以固有法与继受法的整合为中心》，中国政法大学出版社2002年版，第64—76页；最高人民法院判例编辑委员会编：《民国二十一年至二十九年最高人民法院判例要旨（一）》，大东书局。

出上级法院判决替代上级法院批复的努力。

如果上述官方表达成为可能，最高人民法院/高级人民法院产生越来越多具有法律适用意义的判决，并在判决中形成新的裁判规则，就可以推测，司法解释的制定空间将在达到一个高峰之后趋于下降。其所发挥的部分功能将由具有法律适用意义的判决所替代。随之而来的问题可能就是，法院将来的判决书可不可以引用已往的判决？尽管未必在“裁判依据部分”，但极有可能会在“说理（说明理由）部分”。这样，衡量一个上诉法院判决水平的标准之一，就是法院的判决被其他判决引证的次数，成为提升判决质量的激励机制。①

判决书是否可以援引已往的判决，也是涉及“书面表达”的意义问题。援引判决的书面化，是对为什么援引已往判决以及如何援引的说理过程，也是使裁判更制度化和规范化的过程。由此相对照，现在的先例判决制度②以及案例指导制度仍旧强调“应当参照”，而不主张在判决书中直接引证。例如，《最高人民法院关于案例指导工作的规定》第七条规定：“最高人民法院发布的指导性案例，各级人民法院审判类似案例时应当参照。”

应当参照而不是在判决书中直接引证，可能带来更多的管理成本和判决规避。实际上，在判决书的卷宗中，尚未公开的案件审理报告③有时会旁征博引，会涉及对已往判决的分析。《最高人民法院关于进一步全面落实司法责任制的实施意见》也规定：“各级人民法院应当在完善类案参考、裁判指引等工作机

---

① ［美］理查德·A. 波斯纳：《联邦法院：挑战与改革》，邓海平译，中国政法大学出版社 2002 年版，第 200 页。

② 河南省郑州市中原区人民法院：《论先例判决制度》，载《司法审判动态与研究》（第 5 辑），法律出版社 2004 年版。

③ 有关审理报告的分析，参见薛焕彬：《关于改革案件审理报告的建议》，载《司法审判动态与研究》（第 5 辑），法律出版社 2004 年版。

制基础上，建立类案及关联案件强制检索机制，确保类案裁判标准统一、法律适用统一。存在法律适用争议或者‘类案不同判’可能的案件，承办法官应当制作关联案件和类案检索报告，并在合议庭评议或者专业法官会议讨论时说明。”未来的改革方向，或许是将上述做法体现在判决书中，通过直接援引类案以增强说理。

此外，判决的引证不只是规范化法律和司法解释引证，援引已有判决，同时为了增强说理，还可以运用社会科学知识来强化论证，包括经济学、社会学、人类学、文学甚至认知科学等。例如，美国联邦法院审理布朗诉教育委员会案的判决意见中，多数意见就援引了社会心理学的研究结果来强化论证。当然，论证并非为了哗众取宠、博取眼球，而是要能够达到提升说服力的效果。

归纳来说，最高人民法院要想发挥更大的作用，具有正面意义的影响力，就必须提升其公信力。公信力则来自法官的说服力。法官裁判必须能够说服当事人，以及受到法官决策影响的一批利益群体。其中的一种表现形式就是通过判决书改革来提升法官的说服力。[①] 因此，笔者并不赞同在判决书受众问题上持中间道路。实际上，有说服力的判决书，其受众首先是也必须是案件的当事人以及利益相关人。判决书主要是上诉法院判决书，即使具有学术意义或法律意义，那也基本上是一个副产品。因此，也就不存在判决书受众的中间道路问题。

判决书内容的变化，并非增加判决书的长度，而是对法官职业的专业化程度提出更高要求。也就是前面所说的，法官可能需要更多针对判决搜索、归纳、提炼能力的技术培训，这有

---

① 参见苏力：《道路通向城市：转型中国的法治》，法律出版社2004年版，第219页。

利于通过改变判决书的风格，包括内容改变和语言转向①，来增强判决的说服力。在这个意义上，法官职业有可能走向精英化的道路。但这注定不会是美式的少数精英制。由于中国法官体系仍具有科层制特点，这种精英化更可能是法官职业与法官等级制度的混合。笔者也会有隐忧，即法官群体可能会变得愈益僵化，愈益排他。可能如帕雷托所言，“帮助一个新精英集团取得胜利，而这个精英集团在胜利之后并不会比现在的精英更高尚”②。

---

① 中国传统判词是一种公认文体，要比今天的裁判文书更有价值。参见汪世荣：《中国古代判词研究》，中国政法大学出版社 1997 年版；唐文：《改革中裁判文书语言运用的价值取向》，载周道鸾编：《民事裁判文书：改革与实例评析》，人民法院出版社 2001 年版，第 165—185 页。

② 参见［意］维尔弗雷多・帕雷托：《精英的衰落》，刘北成译，上海人民出版社 2003 年版，第 74、84 页。

第 7 章　最高人民法院法官的知识生产

在现代社会，法官的职业化程度越来越高，但案件也越来越复杂，特别是新型、疑难案件越来越多。法官往往审理他们并不了解的问题，他们是在冒风险作出判断。这也说明法官需要有可靠知识作为决策支撑。如果法官的知识储备不足，就不可能建立一个正确的司法制度安排。因此，知识问题就成为法院特别是最高人民法院能否发挥有效影响的核心问题。本章将指出，由于法官的有限理性和知识不完备，需要建立一个动态的司法知识竞争市场，让法官与其他当事人或利益群体完成知识交流。

法官的有限理性

通常认为，司法应进行自我约束。[①] 这没有问题，但主要理由其实是法官的知识有限性问题，即法官具有不完全信息，不

① 参见 Alexander M. Bickel, *The Least Dangerous Branch: The Supreme Court at the Bar of Politics*, Bobbs-Merrill Educational Publishing, 1962.

可能在案件中作出完全正确的裁判，因此必须有所约束。即使是最高人民法院的法官，其作出决策行为时的知识也是有限的，不可能具有完备知识（Perfect Knowledge）。但有没有可能出现“致命的自负”？这一点不能妄下论断。但如果知识储备不足，缺少审慎态度，法官可能会较少考虑其决策带来的社会经济后果。

法官在作出决策时，通常会借助既有法律理论，而较少从社会生活实际出发来分析问题。① 但司法知识体制建构的目的，说到底不是建立法律理论的概念体系，而是满足社会生活的需要，解决社会生活的实际问题。法官必须从经验、研究和反思中获取他所需要的知识进行判断。法官首先要以一个正常人（普通人）的判断标准来理解问题，“法院的标准必须是一种客观的标准。在这些问题上，真正作数的并不是那些我认为是正确的东西，而是那些我有理由认为其他有正常智力和良心的人都可能会合乎情理地认为是正确的东西”②。

法官决策也会受到民意的影响，但却不能将民众意见作为判决知识合法化的来源。在更多时候，法官决策需要坚持一些司法的基本原则，“他应从一些经过考验并受到尊重的原则中汲取他的启示。他不得屈从于容易激动的情感，屈从于含混不清且未加规制的仁爱之心。他应当运用一种以传统为知识根据的裁量，以类比为方法，受到制度的纪律约束，并服从‘社会生活中对秩序的基本需要’”③。

最高人民法院的法官在决策时所具有的可能不是其专业优

① 例如，苏力曾批评最高人民法院在奸淫幼女的问题上过于迷信刑法的犯罪构成理论。参见苏力：《司法解释、公共政策和最高法院——从最高人民法院有关“奸淫幼女”的司法解释切入》，载《法学》2003年第8期。

② ［美］卡多佐：《司法过程的性质》，苏力译，商务印书馆1998年版，第54页。

③ ［美］卡多佐：《司法过程的性质》，苏力译，商务印书馆1998年版，第88页。

势，而是权威优势，因为他来自“最高”法院，他是作为最高审判机关的法官而非专业研究人士来处理司法问题。既然其优势在于权威，那么就必须审慎处理，尽可能增强对各种知识信息进行处理的能力，根据获得的知识作出判断，或者干脆不受理。

然而，也正是由于其所具有的权威优势，最高人民法院在很大程度上可以说“垄断”了司法知识的生产，这减少了思想和方法的多样性。从正式制度来看，垄断知识主要表现在将制定司法解释的权力集中在最高人民法院。从非正式制度来看，下级法院往往邀请最高人民法院法官下去讲课，对相关司法解释的背景和条文进行解答。下级法院有时会将录音整理分发给法官，作为审判参考。

当然，最高人民法院也不可能完全垄断司法知识的生产过程。下级法院虽然被禁止制定司法解释，但对于其辖区内相关案件的审理，仍可以制定规范性文件作为裁判指引。即使是案件请示，书面请示一般要经过审判委员会讨论通过才可以提请至最高人民法院。而电话请示与否，一般也要看下级法院和上级法院的关系紧密程度。

但对最高人民法院法官来说，要作出合乎情理的判决，其知识到底从哪里来呢？郑天翔在 1986 年就强调：“审判人员要学一点经济学，了解经济工作，主动与经济部门联系……审判人员要深入到厂、矿、企事业单位和农村去……主动地协助当地党委和政府主管部门理顺经济合同关系，抓住典型案件，就案讲法……最高人民法院准备选编案例，加强对经济审判工作的具体指导。”① 一般而言，最高人民法院法官在决策过程中特

---

① 郑天翔：《最高人民法院工作报告——在第六届全国人大第四次会议上》（一九八六年四月八日），载《郑天翔司法文存》，人民法院出版社 2012 年版。

别是涉及民商事问题时，可能的知识来源包括：

法律知识。这是法官最擅长的，即运用逻辑推理和构成要件理论分析法条推导出结果。这种以概念范畴建构的实体法体系往往缺少灵活性，较难迅速回应社会生活的变化，因此，法官在决策时还需要借助其他知识。实际上，2019 年修正的《最高人民法院关于民事诉讼证据的若干规定》第八十五条就规定了审判人员应当运用逻辑推理和日常生活经验对证据独立进行判断。同时，第八十四条还规定审判人员可以对有专门知识的人进行询问。

经济知识。这或许是法官更需要掌握和运用的。经济知识特别是经济学知识，以及其他社会科学知识，被认为是能够有效解决问题的知识。布兰代斯最早运用了社会科学知识来分析司法问题。在马勒诉俄勒冈州案（Muller v. Oregon）中，布兰代斯向美国联邦最高法院提供了有关社会和经济统计数据方面的资料。而最高人民法院在制定司法解释时，有时也会将一些统计资料作为参考。例如，商品房解释出台的一个重要原因是：在 2002 年全国法院受理的 8 万多件房地产案件中，商品房买卖合同纠纷就占 25%。而在 2003 年第一季度受理的 6898 件房地产案件中，商品房买卖合同纠纷更是占近 50%。[①]

不可言传的知识。不可言传的知识（Implicit Knowledge）是法官自己在决策（特别是裁判案件）过程中形成但未组织起来的知识。它与科学知识包括系统的法律和社会科学知识不同。这些知识是非正规的、琐碎的，往往高度复杂并存在于特定地点、环境和时间，属于具体技能。这些技能只有通过实践才能恰当获得，需要边干边学。

① 韩延斌：《关于审理商品房买卖合同纠纷案件适用法律若干问题的解释》，载《法律适用》2003 年第 6 期。

法官在决策过程中所形成的这样一种具有支配其所在环境的不可替代，或者难以替代的知识技能，是一种个体性知识。“个体性知识对于现代社会的构型和运作有着根本性的作用。”① 例如，“农场主最了解他的土地的性状以及他所畜养的牲畜的特点和需要……一位警察积累了非常多的有关他负责区段内与安全稳妥有关的特点的知识，这些知识只是为他所支配，充其量部分为其同事所支配。知识的这种分散化甚至还由于社会的分工组织而得到程度急剧的强化：没有一个人能够支配例如需要用来生产一个面包的（全部！）知识”②。法官也是如此。上下级法院的法官通过审级分工形成知识差别，也意味着不同审级的官员有自己的知识。

竞争的司法知识市场

美国著名经济学家斯蒂格勒有言：“我们这个时代的基本趋势，是强化在不同机构之间分配精英人物的趋散力量。”③ 知识和精英的分散化是客观存在的，最高人民法院需要建立司法知识竞争市场，让有实力的各方充分参与，通过知识分工和竞争来保证知识更新。

“知识仅仅是善的，或者是有用的还不够，这是显而易见的

① ［德］格尔哈德·恩格尔：《知识的狂妄——哈耶克与卡尔·波普尔的批判理性主义》，载［德］帕普克主编：《知识、自由与秩序——哈耶克思想论集》，黄冰源等译，中国社会科学出版社2001年版，第91页。

② ［德］格尔哈德·恩格尔：《知识的狂妄——哈耶克与卡尔·波普尔的批判理性主义》，载［德］帕普克主编：《知识、自由与秩序——哈耶克思想论集》，黄冰源等译，中国社会科学出版社2001年版。

③ ［美］乔治·斯蒂格勒：《知识分子与市场》，何宝玉译，首都经济贸易大学出版社2001年版，第56页。

事实。知识还必须值得花费相应的代价去获取。”① 法院作出合理决策需要知识，需要在各种可选方案中作选择，因此必须先收集到各种可选方案信息。但获取不同方案所需要的资源和时间都十分稀缺，信息成本非常昂贵，所以也不可能无止境地收集信息。

斯蒂格勒还认为：“信息成本是从一无所知变为无所不知的成本，极少有交易者能负担得起这一全过程。问题是，人们将把信息搜寻进行到哪一点为止。答案是，个人在获得信息之前不可能了解获取某类信息的预期成本和效益，所以他们不可能从尚未到手的知识中获得最大化的净收益。……也就是说，在搜寻新知识时，我们永远也不可能知道我们会发现什么，也不可能知道将要得到的信息是否有用或是否如我们所预期的那样有价值。……知识搜寻成本必须被视为‘沉淀成本’，这意味着，知识生产成本一旦发生，就与信息的被应用程度没有任何关系。……从时间、努力和资源的角度来看，获取信息和分析新知识都是代价高昂的。因此，无人愿意获取复杂运作所需要的全部知识。人们更愿意通过自己与他人的交往，设法利用他人的知识。”②

同样，法官虽然希望获得有用的知识信息来作出裁判，但这也是需要成本的。最高人民法院虽然垄断了知识生产，但知识更新慢，生产出来的知识未必有用。这也表明法院自身不可能完成对所有知识信息的收集，需要一种不断交流和获得知识信息的机制。这一机制必须开放，有专门向法官提供信息的利

① ［美］乔治·斯蒂格勒：《知识分子与市场》，何宝玉译，首都经济贸易大学出版社2001年版，第114页。

② ［德］柯武刚、史漫飞：《制度经济学：社会秩序和公共政策》，韩朝华译，商务印书馆2000年版，第64—65页。

益群体。这些利益群体有激励动力，愿意去花费成本。

实际上，由于受到个人偏好和生活环境的深刻影响，不同个体拥有不同知识。因此，同一法院的不同法官、最高人民法院与下级法院的法官、法官与律师，他们对同一案件的知识储备和认知能力都会有差异。在现代世界中，人们自己的知识在帮助其满足愿望上并不十分有用，要获得绝大多数我们需要的知识，必须依赖与他人的合作。

法官能够通过与其他人互动来改造旧知识、产生新知识。"劳动和知识的分化允许人们专业化，但要求人们相互合作。由于有了专业化，人们才得以获取更多的知识并用它们来解决各种问题……随着时间的推移，人们学习新知识，修改或抛弃旧知识，从而在满足自己和他人的需要上会变得越来越有效能。"① 因此，当事人提供给法官的知识越充足，法官决策行为就越有可能发生新变化，从而创制新的裁判规则。

在中国的司法实践中，提出案件真相的主要责任越来越要求由律师承担，开始通过竞争来发现事实。"波普尔的科学进步理论就是强调竞争；而在竞争发现事实与赞扬普遍竞争的古典市场自由派传统之间有一种联系。自由派思想的线索之一就是对在任何问题上拥有终极真理的主张都表示怀疑。法院的市场真理观（审判被视为私人律师提出和支持的竞争性假说之间的争斗）是与这种怀疑主义意趣相投的。"② 目前推行的审判方式改革，引入对抗制就是司法知识竞争的表现。对抗制不仅仅在主要诉讼参与人之间起着分散权力的作用，同时可以防止判决

① ［德］柯武刚、史漫飞：《制度经济学：社会秩序和公共政策》，韩朝华译，商务印书馆2000年版，第60页。

② ［美］波斯纳：《法理学问题》，苏力译，中国政法大学出版社2002年版，第259—260页。

专横，有助于司法判决效益的优化。

最高人民法院司法知识体制的建立，需要强化竞争机制。最高人民法院应当与下级法院、律师、利益群体、知识分子、经济学家和媒体有更多的合作与协调。因为司法知识竞争市场的形成也是案件当事人、律师、利益群体等参与博弈的过程。法官的决策不仅影响当事人，有时还影响到各种利益群体。各种利益群体对问题的看法可能会完全不同，它们会在司法过程中相互竞争，并与律师联合，借助律师来完成法律论证。当律师遇到法律以外的问题特别是专业问题时，也会求助于经济学家等其他专业人士。

但是，目前的司法知识竞争市场并没有完全开放和充分竞争。不论是制定司法解释还是裁判个案，法官都容易受到特定部门或特定利益群体的影响。这是一种不完全竞争状态，可能出现不公正的后果。让不同利益方在司法知识市场中公开竞争，有助于解决法官决策可能出现的偏差。让各方都有机会充分表达意见，这样都会影响到法官决策，而不至于让法官受到片面影响。

不同利益方如何促进司法知识竞争市场的开放和有效性呢？例如，在美国有利益集团会推动法院公共政策的制定①。利益集团主要通过两种途径发挥影响：一是提起诉讼。利益集团在特定情况下能够把握对某些政策提出法律异议的机会。利益集团经常资助诉讼，否则，有些诉讼不可能出现。二是利益集团卷入诉讼，往往增加了上诉法院审查该案的可能性。② 就律师与利

① Joel B. Grossman, Richard S. Wells, *Constitutional Law and Judicial Policy Making*. Longman Inc., 1988, p. 66.

② ［美］彼得·G. 伦斯特洛姆：《美国法律词典》，贺卫方等译，法律出版社 1998 年版，第 277 页。

益集团的关系来看，一次性委托人不会对律师收入有多大影响，公司客户尤其是想长期聘请律师的客户往往对律师有更大控制力，对律师收入影响较大。

中国虽然没有利益集团，但也有各种利益群体。如果在司法过程中引入集团诉讼，合理配置举证责任，有助于案件审理的优化。集团诉讼是涉及公众利益（如消费者权益、环境问题）时最经常使用的诉讼形式。有利益群体参与的集团诉讼，能够帮助法官更有效地解决重大的社会问题。

专家与媒体的作用

在中国，不仅有上级法院支配下级法院法官知识生产的权力，还出现了法学者支配法官知识的现象。包括最高人民法院在内的法官与法学者仍是相对独立的两个利益群体。法学者通过培训法官等方式获得了居于其上的知识支配地位。

20 世纪 80 年代，最高人民法院与国家教委等合作成立了高级法官培训中心。很多法官因此获得了法学本科和硕士学位，甚至继续在职获得博士学位。20 世纪 90 年代以来，以梁慧星为代表的民法学者倡导法解释学，为各地法官专门讲授法官审理案件方法。一时间，学说成为法官判案时寻求帮助的重要知识来源。

在法解释学中，除了一般法律解释方法以外，还有法律漏洞补充和利益衡量。梁慧星也大致按照通说对这两种方法进行了定义：“法官审理案件，在查明案件事实后，找不到任何法律规则，现行法律对本案没有规定，这种情形叫作法律漏洞。这种情形，法官创设规则当然不是任意的，他首先要采用民法解释学的各种法律漏洞补充方法，通过这些方法来创设规则。这些方法包括依习惯补充法律漏洞的方法、类推适用、目的性扩张、目的性限缩、反对解释、比较法方法、直接适用诚实信用原则、直接创设法律规则。而利益衡量是指，法官审理案件，在案情事实查清后，不急于去翻法规大全和审判工作手册寻找本案应适用的法律规则，而是综合把握本案的本质，结合社会环境经济状况价值观念等，对双方当事人的利害关系作比较衡量，做出本案当事人哪一方应当受保护的判断。此项判断称为实质判断。在实质判断的基础上，再寻找法律上的根据。”①

最高人民法院法官在审理TMT商标案时，由于立法上没有关于信托的规定，法官运用法律漏洞补充方法，依据《民法通则》第四条诚实信用原则认定其为事实上的信托法律关系。而最高人民法院法官在审理中福实业担保案时，则指出本案中的利益衡量就是债权保护与中小股东权益保护的权衡。法学家虽然不能在根本上决定法官的裁判结果，却为法官提供知识来源，深刻影响了法官的知识结构。

包括法学者在内的专家与司法的关系，还体现在：② 即时评论，专家对正在进行的司法改革或者某一案件发表评论；专家证人，法院许可专家以证人证言的形式提供意见。美国的法院有时也允许专家以法庭之友诉讼摘要的形式提交意见书。中国也有类似的专家法律意见书，但引发了是否影响、干预司法的争议。③ 但也有调查表明，大约80%的法官表示会重视并阅读专家意见书。法官在看到专家意见书后，处理案件会更谨慎，并且倾向于将意见书向院、庭领导汇报。由于受到其他因素影响，

---

① 梁慧星：《裁判的方法》，法律出版社2003年版，第153—182、186页。

② 参见［美］波斯纳：《公共知识分子——衰落之研究》，徐昕译，中国政法大学出版社2002年版，第十章“公共知识分子与法律”。

③ 梁迎修：《专家法律意见与司法公正》，载《国家检察官学院学报》2004年第1期。

最终采纳专家意见进行裁判的并没有想象的多。①

从理论上来说，专家力量靠的是与决策者保持距离，而不是操刀制定政策。决策过程中的因素越“微妙”，专家就越有影响，而且也不必为此负责。但在中国，专家与法官的关系更为紧密：最高人民法院建立了特邀咨询员和专家陪审员制度。

最高人民法院特邀咨询员是最高人民法院聘请的对人民法院审判工作、队伍建设和司法改革等进行咨询、提出建议的人员。依据 2009 年修订后的《最高人民法院特邀咨询员工作条例》第五条规定，特邀咨询员的职责是：（1）对人民法院贯彻执行党的路线、方针、政策和党中央、全国人大常委会有关重大工作部署的贯彻落实情况，提出咨询意见；（2）对人民法院制定重大工作决策、重要司法政策，推进司法体制和工作机制改革，加强队伍建设，起草司法解释和重要工作报告等提出咨询意见和建议；（3）对人民法院依法公正审理案件和执行工作提出建议；（4）反映或者转送人民群众对人民法院和审判人员在司法活动中不依法办案、影响司法公正的意见。最高人民法院特邀咨询员由政治、法学、哲学、历史、经济和社会等人文社会科学领域著名专家、学者和知名人士担任。

另外，通过同意在一审专利案件中可以聘请专家担任陪审员，最高人民法院建立了专家陪审员制度。② 在实践中，专家陪审员制度也不限于专利案件，而是已经扩展到知识产权、金融证券等领域。党的十八大以来法官的司法改革，为提升人民陪

---

① 这项调查由浙江省高级人民法院组织，共发放 300 份问卷，其中 200 份为法官卷，在全省法院系统发放，另外 100 份为社会卷，面向对司法活动比较熟悉的社会人士。参见浙江省高级人民法院研究室：《“专家法律意见书”对审判工作的影响》，载《法律适用》2003 年第 10 期。

② 参见《最高人民法院关于审理第一审专利案件聘请专家担任陪审员的复函》（1991 年 6 月 6 日）

审员在疑难复杂案件中的事实认定能力，部分试点法院还选任具有建筑、会计、医疗、金融等专业知识的人民陪审员。这表明在知识权威和法律权威的博弈过程中，知识和法律开始结合起来。特别是在专业性案件中，知识的力量有时超越了意识形态的认同。

媒体对法官决策的影响也很大。我们每天根据接收到的信息作出判断，以为所看到的世界就是真实世界，其实未必。媒体往往决定了我们看什么、怎么看。“新媒介并不是把我们与真实的旧世界联系起来；它们就是真实的世界，它们为所欲为地重新塑造旧世界遗存的东西……媒体塑造和控制人类交往和行动的规模和形式。”①

媒体不仅会改变我们认识世界的方式，而且会建构新型的社会关系，建构和解构不同社会群体的行为和态度。特别是新兴媒介，实际上瓦解了社会凝聚力，鼓励人们将自身分割为越来越专一的群体，并发展出独特的观看、阅读和收听习惯。而这强化了他们所在的群体和其他群体的区别。② 例如，网络更多是城市的、年轻的和知识层次较高的人在使用，他们可以掀起舆论高潮，进而影响司法进程。同时，媒体也加快了社会异质化程度，使不同利益的声音能够得以表达。

人作出某个或某些行为不是依据直接确凿的知识，而是依据他自己制作或者别人给他的图像。媒体也会制造知识来影响法院，影响法官的判断。这主要表现在以下几方面：

第一，由于法官决策的信息成本较高，媒体提供的信息有

① ［加］埃里克·麦克卢汉、弗兰克·秦格龙编：《麦克卢汉精粹》，何道宽译，南京大学出版社 2000 年版，第 407 页。

② 参见［美］约瑟夫·塔洛：《分割美国：广告与新媒介世界》，洪兵译，华夏出版社 2003 年版，第 33—34 页。

时也会成为法官裁判过程中的知识来源。在中福实业担保案中，最高人民法院法官作出保护中小股东权益判决所运用的知识，相当大程度上来源于行政机关的立场和新闻媒体的报道。主审法官在其所撰写的文章中透露，[①] 他对行政机关立场的了解其实来自媒体，而且判决也受到如下媒体倾向性报道的影响：

> "上市公司坐在担保的火山口上"，这是国内较有影响的报纸《环球时报》某期文章的标题。该篇文章提供了一个数字，指出中国1000多家上市公司约超过40%为其大股东提供担保。个案来说，ST猴王的大股东猴王集团除了长期挪用上市公司十几亿元的资金外，还以ST猴王的名义为自己贷款3.7亿元，担保3亿，最终把ST猴王掏空，并使自己和ST猴王一起走到破产的边缘。中科健公司在2000年到2001年的12个月内累计为他人提供贷款担保24笔，折合人民币6.4亿元。另有部分上市公司为逃避监管，采取迂回担保。2001年12月上海梅林公司发布公告，为另一家上市公司中华企业提供贷款担保，总额度不高于1亿元人民币，期限1年。同一天中华企业也发布公告，为上海梅林公司的第一大股东提供贷款担保，额度、期限完全相同。上海梅林既避开了有关规定的监管，又通过中华企业这个中介为大股东债务提供了担保。[②]

① 参见曹士兵：《公司为其股东提供担保的法律效力分析——从法律适用到利益衡量》，载《中国民商审判》（第1卷），法律出版社2002年版，第293页。

② 转引自曹士兵：《公司为其股东提供担保的法律效力分析——从法律适用到利益衡量》，载《中国民商审判》（第1卷），法律出版社2002年版，第293—303页。

这里还涉及当时中国证监会首席顾问梁定邦先生的一次谈话："中国证监会首席顾问梁定邦先生对我们的建议是修改公司法，明确规定公司不能以其资产为大股东担保；借鉴英美法系的不当得利追回制度，使被股东挪用的资金无论辗转到了第三者还是第四者均能追回。"①

第二，媒体并非中立，不同媒体有不同立场，因而会影响到法官保持中立作出决策。不同媒体背后往往代表着不同利益，或者说受到不同影响。

第三，对于法官正在审理的轰动案件，媒体往往会主动引导舆论向法院施加压力。由于舆论压力的存在，这不仅为外部力量影响甚至干预司法提供了理由，而且也促使最高人民法院过问或提前介入下级法院的审判活动。

其实问题并不在于舆论影响司法，而是舆论影响司法的不过是一些意见而非有效知识。"意见有它的基本特征和流通表达的逻辑，首先，意见不是知识，更不是对知识的系统认知，尽管它可能会以某种程度的知识或信息为前提；其次，意见只是意见的主体对客体作出的反应，而不是对客体的本相的认知，包含着某些成见或偏见。"② 而且，舆论针对事实所形成的往往是道德判断，而不是科学判断。因此可以说，由媒体表达出来的舆论意见并不严谨，会误导法官判断。

值得警惕的是，媒体也会通过精心安排制造出一致同意的"幻象"，可能形成"多数的暴力"。而法院正是要起到缓和"多数的暴力"的作用。但更多时候，法院往往会借助媒体扩大影响力，而缺少制衡。

---

① 梁定邦：《市场经济要求重视私法》，载《法制日报》2001年4月25日，第4版。

② [美] 沃尔特·李普曼：《公众舆论》，颜克文、江红译，上海人民出版社2002年版，译者序言。

简言之，最高人民法院的影响力与媒体存在着紧张关系，一方面通过媒体传播，最高人民法院的影响力得到强化；另一方面，个别媒体报道甚至夸大最高人民法院对市场的负面影响，又会使得最高人民法院合法性基础受到影响。说到底，媒体是把“双刃剑”。因为它并非中立，而是因时因势与不同利益群体共谋。所以，法院必须与其保持距离，法官决策也必须审慎看待媒体的影响。①

上诉审知识传统的形成

最高人民法院自 1949 年成立以来，已经积累了丰富的司法经验。但还需要进一步总结归纳司法知识，尤其是提炼司法理论，来指导全国法律适用的统一。这样一套司法知识和理论需要在分工、竞争和交流过程中形成。特别是最高人民法院的法官，应该努力建立有别于下级法院的上诉审司法知识传统。

第一，上诉审知识传统可以在不断试错中产生。对法官来说，一个案件其只能审理一次，不可能通过试错来决定最佳结果。法官需要在有限条件下迅速作出判断。但就整个司法体系而言，法官而且是众多法官可以进行复杂的、不断的试错。他们可以在不同案件中尝试运用不同解释方法、依靠过去的经验积累，甚至个人直觉来确定最佳方案。

所谓最佳方案也并非唯一正确的答案，可能更多是法官权衡艺术的结果。法官通过比较不同信息，对各方利益进行协调。其观念是，根本没有一项单一的、在科学上是正确的答案，而只有一个合理区域，在此一区域内必须运用到判断，“必须在背

① 有关法院与媒体关系的进一步分析，参见张志铭:《传媒与司法的关系——从制度原理分析》，载《中外法学》2000 年第 1 期。

腹受敌、左右为难的情况下（between Scylla and Charybdis），采取一条可行之道”①。

第二，上诉审知识传统需要由具有专业精神的最高人民法院法官来塑造。因为最高人民法院的法官数以百计，裁判结果会有更大不确定性。例如，最高人民法院法官对中福实业担保案就有两种对立的意见。但不同意见并没有进行有效整合，反而会减损最高人民法院的权威性。② 可能的改进方向就是，既要充分调动主审法官的积极性，又要加强法院内部不同庭室之间业务的沟通与协调，以及审判庭内部和审判委员会对案件审理的调控力度。

第三，通过竞争形成司法客观知识。法官依据当事人通过竞争提供的知识，可以对判决结果进行预判。但需要重新认识司法知识的客观性问题。“法律是否是、在何种意义上是以及在什么程度上是对争议问题的一种客观、确定的回答，而不仅仅是个人性的或政治性的回答之渊源。”③ 这一疑问在司法中一直存在。实际上，案件真相不可能被百分之百还原。所谓司法客观知识是在交流意义上的、合乎情理的客观知识，而不是本体论上的客观知识。

因此，司法客观知识应当建立在共识基础之上。异质化社会使得案件更可能成为疑难案件，人们对案件难以形成共识。改进途径之一就是推动司法体制和法律职业的同质化。通过统一的法律训练，有助于人们趋向于以同样方式理解问题。反之，法律职业训练和背景越是多样化，人们在重要法律问题上越难

---

① 这是霍姆斯在“雪松急流燃气公司诉雪松急流案”（Cedar Rapids Gas Light Co. v. Cedar Rapids）中的评论。

② 虞政平：《公司可以为其股东提供担保——〈公司法〉第60条第3款之解读》，载《法律适用》2003年第7期。

③ ［美］波斯纳：《法理学问题》，苏力译，中国政法大学出版社2002年版，第42页。

达成共识。在中国，法院和立法机关却高度同质。其弊端在于功能分化不明显，最高人民法院制定成文化的司法解释实际上替代了全国人大常委会法律解释的功能。反过来，全国人大常委会也更有可能直接介入法院的政策制定过程。因此，这就需要在确保司法知识和立法知识传统分工的前提下，确立司法知识的客观性标准。

第四，上诉审知识来源的多元化。法院特别是最高人民法院要建立知识传统，除了需要法律理论和部门法知识，还要注意公共政策的变化，引入包括经济学在内的社会科学知识。早在 20 世纪 80 年代，郑天翔就指出："需要我们学习的知识很广泛……要有国内经济方面的知识，还要有国际关系、国际经济贸易关系方面的知识，有些经济审判业务还要懂得科学技术知识。……今后法院的干部不仅要有法律系毕业的，而且要有外语系毕业的，要有学自然科学的，学经济学的。"①

在裁判过程中引入社会科学，主要是为了解决案件背后经验层面的因果关系问题。"越是没有受过训练的头脑，就越是喜欢作出一种揣测：如果两件事情同时引起了注意，那就说明它们有着因果关系。而如果对一件事情产生了强烈憎恨，我们就很容易就会把它同我们所强烈憎恨或恐惧的绝大多数其他事情联系起来，也会认为它们之间有着因果关系。"② 法官更应避免如此。特别是涉及重要权利配置、重要影响的问题时，法官需要更为审慎地分析关联因素，考察因果关系，这样才能更好作出合乎情理的裁判。

---

① 郑天翔：《在第一次全国经济审判工作会议闭幕会上的讲话》（一九八四年四月八日），载《郑天翔司法文存》，人民法院出版社 2012 年版，第 105 页。

② 参见［美］沃尔特·李普曼：《公众舆论》，颜克文、江红译，上海人民出版社 2002 年版，第 125 页。

简言之，社会科学的引入，有助于抑制不当的司法活动，[①]能够帮助法官从法律之外思考并作出判断。[②]社会科学的引入，也会有助于更有解释力的上诉审知识传统的形成。

第五，法官知识选择的局限性。虽然在司法过程中会有知识竞争，但法官对事实和知识的判断，仍取决于其地位和观察习惯。法官在处理专业化问题时，往往并非先理解后定义，而是先定义后理解。当法官在面对事实争议特别是疑难问题时，如果无法建构法律语词与物的对应关系，其真正关注的并不是事实，而是法律概念或关键词，关注法律话语的正当性，[③] 会用既有的法律概念来裁剪事实。

在裁判或决策过程中，法官也仍会有成见。因为时间和注意力有限，他们不会费力注意那些还没有被视为理所当然的意见。“成见系统一旦完全固定下来，其注意力就会受到支持这一系统的事实的吸引，对于和它相抵触的事实则会视而不见。”[④]影响法官判断的因素还包括：性格气质、生活经历、道德原则、党派政治、宗教信仰或不信仰、学术思想以及公共知识分子作品的影响。[⑤] 这些因素会把某些潜在偏见进行标准化加工，然后予以强化。可以说，这些因素在很大程度上决定了法官应了解什么以及如何作出判断。

法官还需要警惕知识竞争背后的利益关系。例如，民营企

---

① See Donald L. Horowitz, *The Court and Social Policy*, The Brookings Institution, 1977, pp. 283-284.

② See R. Shep Melnick, *Regulation and Court*, The Brookings Institution, 1983, p. 393.

③ 苏力：《送法下乡——中国基层司法制度研究》，中国政法大学出版社 2000 年版，第六章“纠缠于事实与法律之间”。

④ 参见［美］沃尔特·李普曼：《公众舆论》，颜克文、江红译，上海人民出版社 2002 年版，第 96 页。

⑤ 参见［美］波斯纳：《公共知识分子——衰落之研究》，徐昕译，中国政法大学出版社 2002 年版，第 463 页。

业在利益诉求渠道还不够畅通的情形下，它们往往聘请对政策影响很大的知名经济学家进行游说。经济学家还可以通过担任公司独立董事或接受捐赠等方式与资本紧密结合。[1] 因此，对于法官来说，需要对这些专家和利益群体提供的知识保持审慎态度。

避免利益干扰的一种做法，是法院自行设立技术调查官职位。技术调查官是指具备专业技术知识，协助法官查明专利等专业性较强案件技术事实的审判辅助人员，负责对知识产权案件审理中涉及的技术问题进行调查、询问、分析、判断等，为法官裁判案件提供专业技术意见。目前最高人民法院已经建立了技术调查官制度。

总的来说，最高人民法院要更好地发挥司法影响力和社会影响力，必须从优化法官决策入手。法院需要建立一个开放和充分竞争的司法知识市场，以解决法官的有限理性和不当行为。这也是最高人民法院的上诉审知识传统的形成过程，需要有更多的司法经验积累和提炼。

---

① 参见吴立波：《“复杂”的圈子：经济学家为企业代言的是是非非》，载《瞭望东方周刊》2004 年第 3 期。

第 8 章　最高人民法院法官的决策过程

法官在决策过程中，会面临来自各方利益群体的竞争压力。而且，法官决策有时也会造成意外后果。这些都是法官决策的未预期成本，法官需要进行有效的信息选择。因此，我们对最高人民法院决策过程的理解，不是通过大写概念来构建，而是透过观察法官个体行动来完成。

法官决策中的利益竞争

在西方国家的政治实践中，作为民意机关的立法机关会受到利益集团的游说，但最高法院很少会有利益集团游说。中国则是另一种情形，最高人民法院法官在决策过程中，更需要进行政治考量。如果决策会有社会影响，就会有来自特定行业或利益群体的压力。当然，最高人民法院法官会从社会公共利益和政治意识形态出发，进行利益衡量。

在某些时期，法官决策会比较注重坚持司法为民、保障人权、保护弱势群体等政治正确的原则。这往往是从公共利益出发，纠正市场失灵状态下的资源错配和分配不公，以维护社会秩序和社会稳定。这样做，实际上也是最高人民法院的一项政治任务。例如，最高人民法院制定的下面这两个司法解释，就是通过产业规制来保护弱势群体利益：

2002 年《最高人民法院关于建设工程价款优先受偿权问题的批复》第一条规定："人民法院在审理房地产纠纷案件和办理执行案件中，应当依照《中华人民共和国合同法》第二百八十六条的规定，认定建筑工程的承包人的优先受偿权优于抵押权和其他债权。"之所以做这样的规定，是因为在发包人拖欠承包人的工程价款中，有一部分是承包人应当支付给工人的工资和其他劳务费用。① 因此，这是为了保护建筑工人的利益而对房地产业和金融业进行规制。

2005 年《最高人民法院关于审理建设工程施工合同纠纷案件适用法律问题的解释》第二十六条第二款规定："实际施工人以发包人为被告主张权利的，人民法院可以追加转包人或者违法分包人为本案当事人，发包人只在欠付工程价款的范围内对实际施工人承担责任。"这是为了保护建筑工人即农民工的利益而对建筑业进行规制。

除去政治正确的因素，在制定司法解释的过程中，最高人民法院会征求有关方面的意见。实际上，这就存在不同利益群体的游说竞争。例如，在保险法解释的制定过程中，就涉及保监会和各大保险公司的利益。特别是针对不可抗辩条款的适用等问题，遭到了保险公司的反对。② 而在委托理财解释制定过程

① 杨永清：《〈最高人民法院关于建筑工程价款优先受偿权问题的批复〉的理解与适用——兼谈与该权利有关的几个重要问题》，载最高人民法院民一庭编：《民事审判指导与参考》（总第 11 卷），法律出版社 2002 年版，第 79 页。

② 参见陈垦：《保险法司法解释争辩始末》，载《21 世纪经济报道》2003 年 12 月 18 日，第 7 版；《〈保险法〉司法解释历时四载"瘦身"登场》，载《21 世纪经济报道》2004 年 8 月 5 日，第 6 版。

中，就保本保底合同的效力问题，遭到了证监会和证券公司的反对。[①] 在担保法解释制定过程中，就公司担保合同的效力问题，遭到了银行业的反对。[②]

最高人民法院法官的决策过程可以用两种规制理论解释：一是规制俘虏理论。该理论认为俘虏法院的可能是规制对象本身，或是其他有可能从中获益的人。法院规制与其说是为了公共利益，不如说是特殊利益集团寻租的结果。二是公共选择理论。该理论将法官决策的过程看作类似市场交易的过程。那些需要法院规制的人与被规制的人、法官以及有关政治力量经过讨价还价后达成协议。

不论何种解释，都认为相关利益群体或组织实力越强，就越有可能影响法官决策。这种影响不仅仅是纯粹的经济利益，甚至还会通过政治干预来获得特权。如果对他人的损害大于收益，这就是典型的寻租行为。[③] 这会造成社会整体资源浪费，影响社会福利。

对于实力强大的利益群体或组织来说，要想在每一个问题上都成功说服最高人民法院是不可能的。因为最高人民法院的法官人数众多，社会情势也在不断发生变化。笔者曾对最高人民法院政策如何影响金融资产管理公司进行过访谈，其中就涉

① 吴小亮：《委托理财司法解释难产》，载《财经》2004 年第 19 期。

② 中国工商银行、中国农业银行、中国建设银行、中国银行、华夏银行 2001 年 6 月 15 日《关于最高人民法院适用〈中华人民共和国担保法〉若干问题的解释有关问题的函》。

③ 参见［美］戈登·塔洛克《寻租：对寻租活动的经济学分析》，李政军译，西南财经大学出版社 1999 年版。

及两个最高人民法院司法解释性质文件：①

一是《关于处理担保法生效前发生保证行为的保证期间问题的通知》（2002 年 8 月 1 日）。这曾给金融资产管理公司带来了很大利益。其中规定："对于当事人在担保法生效前签订的保证合同中没有约定保证期限或者约定不明确的，如果债权人已经在法定诉讼时效期间内向主债务人主张了权利，使主债务没有超过诉讼时效期间，但未向保证人主张权利的，债权人可以自本通知发布之日起 6 个月（自 2002 年 8 月 1 日至 2003 年 1 月 31 日）内，向保证人主张权利。逾期不主张的，保证人不再承担责任。"

由于四大金融资产管理公司收购银行不良资产之前，作为主债权人的银行往往只向主债务人主张权利，而没有向保证人主张权利。金融资产管理公司认为，如果依照 1994 年 4 月 15 日最高人民法院公布的《关于审理经济合同纠纷案件有关保证的若干问题的规定》第十一条"保证合同中没有约定保证责任期限或者约定不明的，保证人应当在被保证人承担责任的期限内承担保证责任"，会直接形成至少 3000 亿元的债权损失。而该条文的真实含义是，债务人到期没有清偿债务，保证人在此后的两年内承担责任；如果在这两年内没有向保证人主张权利，两年后保证人就免除保证责任，从而避免使保证人的责任长期处于不确定状态。最高人民法院发布这一新的司法文件，有助

① 此外，与金融资产管理公司相关的最高人民法院司法文件还有：《关于审理涉及金融资产管理公司收购、管理、处置国有银行不良贷款形成的资产的案件适用法律若干问题的规定》（2001 年 4 月 11 日）、《关于国有金融资产管理公司处置国有商业银行不良资产案件交纳诉讼费用的通知》（2001 年 10 月 25 日）、《对〈关于贯彻执行最高人民法院"十二条"司法解释有关问题的函〉的答复》（2002 年 1 月 7 日）、《关于金融资产管理公司收购、处置银行不良资产有关问题的补充通知》（2005 年 5 月 30 日）、《关于审理涉及金融不良债权转让案件工作座谈会纪要》（2009 年 3 月 30 日）。

于金融资产管理公司向保证人追偿这些不良资产。

二是《关于破产企业国有划拨土地使用权应否列入破产财产等问题的批复》（2003年4月16日）。这又使金融资产管理公司处于非常不利的地位。其中规定：“破产企业以划拨方式取得的国有土地使用权不属于破产财产，在企业破产时，有关人民政府可以予以收回，并依法处置。……企业对其以划拨方式取得的国有土地使用权无处分权，以该土地使用权为标的物设定抵押，除依法办理抵押登记手续外，还应经具有审批权限的人民政府或土地行政管理部门的批准。否则，应认定抵押无效。”由四大金融资产管理公司管理的不良资产中，以国有划拨土地使用权为标的物设定抵押的占相当大比例。如果一概认定抵押无效，仅其中某一家资产管理公司就可能因此丧失700亿元不良资产的债权。

为什么会出现不同的结果？一方面，最高人民法院法官在制定司法文件时，未必都会征求每家金融资产管理公司的意见。或者是他们的意见有时起作用，有时不起作用。为了增强话语权，金融资产管理公司还会邀请专家进行论证。

另一方面，也要看金融资产管理公司的对手实力。第二个司法文件体现出中央与地方之间的利益分配问题。最高人民法院在制定该文件时，不得不顾及强大的地方利益要求。这使得在一定程度上代表中央部门利益的金融资产管理公司施加影响的难度加大。

可以说，最高人民法院每一次对权利的重新配置，都不是问题的终结。随着市场的不断变化，在已有权利配置的基础上，还会产生新的配置要求，要求最高人民法院不断进行政策调整。正因如此，利益群体或组织向最高人民法院施加影响、与其合作不是暂时的，而是一个持续不断、形成规模化和制度化的过程。最高人民法院的法官会成为他们争取的对象，因而也就有可能存在寻租行为。当然，法官也会依据政治判断而不是市场竞争来重新分配权利。

法官决策的意外后果

最高人民法院的法官有时会基于政治判断，制定倾向保护弱势群体、保护人权的政策。但是，这样的政策可能会出现意外的社会后果，出现利益保护的悖论。

悖论一表现在，法院保护弱势群体的政策反而让其他利益群体或组织成为直接受益者。例如，2004 年 9 月 6 日，《最高人民法院、最高人民检察院关于办理利用互联网、移动通讯终端、声讯台制作、复制、出版、贩卖、传播淫秽电子信息刑事案件具体应用法律若干问题的解释》施行，其中规定，以牟利为目的，利用互联网、移动通讯终端制作、复制、出版、贩卖、传播淫秽电子信息，具有相应情形，以制作、复制、出版、贩卖、传播淫秽物品牟利罪定罪处罚。

这一旨在保护未成年人身心健康的司法解释，打击的直接对象是色情网站和声讯台行业。然而，经初步观察发现，这却给中国移动通信公司带来巨大利益。该司法解释成为中国移动清理各大 SP（服务运营商）的重要手段。“从无线增值市场的发展来看，今天无线增值市场的繁荣带有原罪色彩。当时为了鼓励产业链的发展，服务运营商采取开放的价值链，为了追求利益开始打出擦边球，使得短信市场获得巨大成功，这不仅帮助整个互联网产业咸鱼翻身，也让场外资本跃跃欲试。但是由于服务运营商重复投资严重，经营成本上升，产品同质化，网络色情或是强迫订阅等情况也愈演愈烈。”① 借助这一司法解释，中国移动加大了对服务运营商的整顿力度，并“成立自己的超级门户，将目前各大 SP（服务提供商）们蜕变成为 CP（内容提供商）”②。可以说，这一旨在保护未成年人利益的司法解释却让中国移动获得巨大利益。

悖论二更值得关注。法院保护弱势群体的政策的实施效果与初衷相反，不但没有保护好，反而加重了弱势群体的负担。

第一个例子是影响到医疗患者的利益。2002 年 4 月 1 日，《最高人民法院关于民事诉讼证据的若干规定》施行。其中第四条第八项规定：“因医疗行为引起的侵权诉讼，由医疗机构就医疗行为与损害结果之间不存在因果关系及不存在医疗过错承担举证责任。”最高人民法院的用意是保护患者，避免其因信息不对称无法完成举证而导致利益受损，因此才规定由医疗机构而不是患者承担举证责任。

但也有调查显示，在这一条施行以后，患者的整体医疗费用有较为显著的上升。③ 实际上，医疗行业普遍认为这一规定会使医院风险加大。为了降低风险，避免出现更多医疗纠纷，医院就会加大对患者身体的检查力度，增加更多更细甚至完全没有必要的检查项目。这样，医院的风险降低了，患者的医疗成本却增加了。

第二个例子是影响中低收入阶层中的买房群体。2005 年 1 月 1 日，《最高人民法院关于人民法院民事执行中查封、扣押、

① 赵平：《中国移动“清理门户”意欲阻止 SP 坐大》，载《中国经营报》2004 年 10 月 28 日。

② 赵平：《中国移动“清理门户”意欲阻止 SP 坐大》，载《中国经营报》2004 年 10 月 28 日。

③ 关于举证责任倒置带来医疗费用增长的实证分析，参见游志红等：《浅谈举证责任倒置与诱导性需求》，载《中国医院管理》2003 年第 10 期。

冻结财产的规定》（以下简称《执行规定一》）实施。其中第六条规定："对被执行人及其所抚养家属生活所必需的居住房屋，人民法院可以查封，但不得拍卖、变卖或者抵债。"在这一司法解释出台的说明会上，最高人民法院法官曾表示："不能因为强制执行而造成被执行人的极度贫困……如果将被执行人执行到一无所有的程度，则国家必须对其提供救济，以保证其生存的基本权利，相当于最终由国家承担执行的后果，由国家替代被执行人偿还债务。"

这一条规定为了避免由国家承担最终责任，却让银行承担很大风险。被执行人如果不能还贷，银行就难以拍卖、变卖他的居住房屋。这样一来，作为房屋债权人的银行的房贷风险会大大提高。同时，由于银行抵押贷款的减少，还会造成房地产业的投资波动。

银行业对这一条很快做出反应。2005 年 1 月底，交通银行深圳分行、中国银行深圳分行等多家银行为控制贷款风险，纷纷将个人住房贷款的首付款比例从原来的 20%提高到 30%，最高甚至提至 50%。提高首付后最直接影响的群体是那些购房面积小、价格低的中低收入者。他们在贷款购房时会受到更多的审查要求和限制，很多人因付不起首付而买不了房。① 更进一步的反应是在 2005 年 3 月 17 日，中国人民银行决定调整商业银行信贷政策，对房地产价格上涨过快城市或地区，个人住房贷款最低首付款比例可由 20%提高到 30%。尽管中国人民银行解释是为了平抑房地产过热，但实际上很多业内人士越来越多地要求最高人民法院出台补充司法解释，甚至要求全国人大出面督

① 顾洪波：《高法新规引发连锁反应，深圳银行惜贷控制风险》，载《南方都市报》2005 年 2 月 24 日。

促。[1] 因为《执行规定一》第六条被认为严重影响到作为房屋债权人的银行的权利，增加银行营业风险，并引发银行业的连锁反应，包括提高房贷首付，进而影响更大范围内消费者的利益。

在这样的形势下，2005 年 12 月 14 日，最高人民法院发布《关于人民法院执行设定抵押的房屋的规定》（以下简称《执行规定二》）。这算是为《执行规定一》所引发的各方争论画上了暂时的句号。《执行规定二》的规定就明显改善。其中第一条规定："对于被执行人所有的已经依法设定抵押的房屋，人民法院可以查封，并可以根据抵押权人的申请，依法拍卖、变卖或者抵债。"第二条又规定应当给予被执行人 6 个月的宽限期。此外，第三条、第四条还规定，如果宽限期届满，强制迁出时，被执行人无法自行解决居住问题，可以由申请执行人为被执行人及其所扶养的家属提供临时住房。这在一定程度上降低了作为申请执行人的银行的风险和负担。

不过，按照最高人民法院法官的说法，《执行规定二》的规定并没有否定《执行规定一》的第六条。因为《执行规定二》是针对已设定抵押的房屋应如何执行的规定，属于特殊情形，并不是对《执行规定一》第六条的修改。二者是一般规定和特殊规定的关系。对于被执行人及其所扶养家属生活所必需的房屋，如果没有用于设定抵押，应按照《执行规定一》第六条的规定执行。此外，提供临时住房本来是政府责任，但鉴于中国社会保障体系尚未有效建立，作为一种妥协方案，只好由申请执行人承担。[2]

① 《马蔚华提案促最高人民法院解释查扣冻》，载《广州日报》2005 年 3 月 9 日。

② 参见王飞鸿：《〈关于人民法院执行设定抵押的房屋的规定〉的理解与适用》，载《人民司法》2006 年第 1 期。

法官决策的未预期成本

法官决策失效的一个重要原因，就是有未被预料到的或是隐藏的成本。“法律有预期不到的成本，往往造成与法律的创造者和受益者的期望完全相反的结果。许多旨在帮助穷人的法律实际上却损害了他们的利益。”① 如前所述，最高人民法院的政策也出现了种种难以预料到的后果。因此，法院有必要全面检视自己的决策过程。

第一，法官尽管可能意识到决策有规制经济的功能，但可能还难以认知如何克服规制带来的弊端。理论上的假设是“行之有效的最优规制能够消除市场带来的低效率，增加社会福利。然而由于信息不对称、人类的弱点及制度缺陷等问题，规制者常常并不能很好地进行规制。甚至有时为了某个特殊利益集团的利益，规制会造成对社会有害的扭曲，将有效的市场转变成了无效的垄断市场。在某些极端的例子中，规制的目的好像就是通过再分配，将财富从消费者手里转移到那些成功地施加了影响规制者的特殊利益集团手里”②。

要摆脱有实力的利益群体或组织的影响相当困难。即使法官意识到这些弊端，也难以克服。特别是在低成本获得利益、高成本测算政策后果的情形下，法官更倾向于选择前者。也因此，决策的未预期成本并不在法院考虑范围之内。

第二，最高法院是最高司法权威，但未必熟知市场规律。

---

① ［美］罗格·I. 鲁茨：《法律的“乌龙”：公共政策的意外后果》，刘呈芸译，载《经济和社会体制比较》2005 年第 2 期。

② ［美］丹尼斯·卡尔顿等：《现代产业组织》，黄亚钧等译，上海三联书店、上海人民出版社 1998 年版，第 356—357 页。

只有尊重市场规律，才有可能最大限度转化未预期的成本。对法官来说，所谓尊重市场规律，就是在其制定政策过程中，让各方进行平等协商并达成利益妥协。

法院不能靠权威、靠强制力来解决利益保护问题，因为保护谁、如何保护从来不是法官自己能说了算。国家强制力固然能起短期作用，但从长期来看，也可能会起相反作用。法院政策即使受到全心全意的支持与服从，依然会激发非法现象。因为法院政策会“刺激人们转向替代性的行为方式，激发人类意识中的竞争冲动，刺激人们在发现自我的过程中寻求替代性的实现途径”①。如果最高人民法院法官凭借“权威霸权”“知识霸权”“话语霸权”擅自修改并形成规则，那么就可能造成难以预料的负面影响。而且，法官制定不好的政策并不难，但以后要废除这些政策则非常困难。

第三，法官在制定政策时，往往会忽视政策落实所需要的各种细节。谁来落实最高人民法院政策？仅仅是下级法院吗？前述执行规定影响房地产市场的例子已经表明，要落实法院政策，还需要配套的政府措施。

另一个没有配套政府措施又对人们生活影响很大的例子，就是2004年5月1日施行的《最高人民法院关于审理人身损害赔偿案件适用法律若干问题的解释》。该解释大幅提高了对人身损害的赔偿标准，使得在道路交通事故中，大大加重了机动车一方的赔偿责任。这有可能超出加害人的承受能力，不但使受害人无法得到有效赔偿，也使加害人陷入生活困顿，产生新的不稳定因素。特别是大大加重机动车一方的赔偿责任，使加害人肇事后逃逸的违法现象大大增加。其主要原因就是没有建立

① ［美］罗格·I. 鲁茨：《法律的“乌龙”：公共政策的意外后果》，刘呈芸译，载《经济和社会体制比较》2005年第2期。

配套的强制保险制度。[①] 只有由国务院牵头制定强制保险制度，才能将最高人民法院现有政策加以落实。由此也可以看到，最高人民法院协调好与行政机关的关系，对民众来说有多么重要。

简言之，最高人民法院法官应该更为重视决策的社会经济后果，重视政策细节的落实。为了增加更可预期性，必须建立一个开放竞争的司法市场。这样就能让更多的科学知识和信息进入司法过程，帮助法官对有用信息进行选择。

法官决策中的信息选择

科学与政府决策的相互影响，是现代国家形成的重要原因。随着国家行政能力和交流能力的巨大提高，这种相互影响也在加强。科学家认为，科研对于决策大有裨益。在急速变化的经济、社会、文化环境下，人们对公共行政机构的办事效率提出了越来越高的要求；社会科学知识有助于公共行政机构削减开支、抑制官僚作风、简化不必要的行政规程，更好地为公众服务。[②] 法官决策也需要科学分析。实际上，法官决策的信息不仅包括社会科学和自然科学知识，还有日常生活的常识、地方性知识和其他相对稀缺的信息资源，等等。

法官选择什么信息，前提是其能够进行信息选择。也就是说，法官自己要先面对一个知识学习的问题。特别是法院介入领域越来越广，所涉及的问题越来越专业化，这就要求法官学习这些专业化新知识。例如，像次级债权、证券资信评估、证

---

① 赵明昕：《机动车第三者责任强制保险的利益衡平问题研究》，载《现代法学》2005年第5期。

② ［美］罗巴特·克罗巴基、卡塔林娜·斯特拉普柯娃：《科学知识在公共政策领域中的运用：评斯洛伐克的吉普赛族研究》，张大川译，载《国际社会科学》（中文版）2005年第1期。

券投资基金、公司盈余分配、上市公司收购、房地产咨询、银行结算、物业管理等知识，[①] 法官如果不懂，怎么去审理这些案件呢？因此，法官的继续培训是必要的，这是一个知识面拓展的过程。当然，也不可能把每个法官培养成全能法官。因此，培养专业化法官如金融法官、房地产法官，并减少专业化法官的流动，也是一个好办法。

法官在具体的法院决策过程中，还面临运用什么知识和方法进行利益衡量的问题。法律推理只是分析的一种方法，独立行使审判权只是一个指导性原则。随着法官越来越认识到法院政策对市场的巨大影响，可以预料，法官在政策制定过程中将更加依赖法律经济学的分析运用。传统法律经济学分析大体上分为两个部分，即以波斯纳为代表的运用经济学分析法律体系，以科斯为代表的分析法律体系如何影响经济体系运行。[②] 相应地，法官对法律经济学的运用也分为两个方面：首先，法官在决策过程中运用经济学分析当事人诉讼成本、利益分配，等等。其次，法官在决策过程中要考虑法院政策对市场生活的影响，而不限于诉讼过程本身的分析，应考虑什么样的法院政策最能减少市场的交易成本。

产业组织理论或许是个有用的分析工具，会帮助法官做出科学判断。产业组织理论研究企业、行业、市场三者的组织形式及相互之间的关系。它采纳包括福利经济学在内的现代经济学，尤其是微观经济学中的最新成果。这些成果包括博弈论、交易费用理论、可竞争市场理论和信息论，等等。产业组织理论更为强调理论的政策含义，讨论公共经济政策中的那些有争

---

① 这些内容成为《民事案件案由规定（试行）》的案由。

② ［美］加里·贝克、［英］罗纳德·科斯等：《圆桌会议：展望法与经济学的未来》，徐菁译，载《比较》第19期，中信出版社2005年版，第76页。

议的话题，例如，反垄断法是否能提高社会福利，以及政府的行业规制是否合理、是否弊大于利，等等。①

因此，在法院规制市场的过程中，首先可以从市场需求切入来研究最高人民法院的政策。规制的理由是，市场结构引起的策略行为导致了不良的经济绩效（而真正造成绩效变化的因素归根到底是企业或产业行为），需要运用包括法院在内的各种方式进行规制。但这种因市场失灵要求法院规制的解释并不深刻。还有一种解释是斯蒂格勒的分析，即特殊利益集团会因其自我利益要求法院规制，并最终从法院获益。② 此外，公共选择学派也将规制看成需求者与供给者市场交换的结果。需求者是特殊利益集团，供给者是为自利而行动的政治家和官僚。③

规制与反规制或放松规制的选择，是一个经济体制的根本性两难问题。选择更多是一个权衡的结果。在反垄断和人体健康安全、环境保护、金融市场、金融机构、公司治理领域中进行适当规制，其正面作用大于干预带来的成本。而政府对价格（房租、工资、股价、汇率等）的管制，对贸易的限制，制定有倾斜的产业政策等干预手段，没有充分证据证明对经济发展有明显的正面作用，相反其负面作用如市场扭曲、寻租和腐败常常十分明显，因此，干预应极为慎重，否则就是过度。④

规制与反规制既然是一个权衡的问题，那么最高人民法院

---

① 更多有关产业组织理论的介绍，参见［美］肯尼迪·W·克拉克森、罗杰·勒鲁瓦·米勒：《产业组织：理论、证据和公共政策》，华东化工学院经济发展研究所译，上海三联书店1989年版；［美］丹尼斯·卡尔顿等：《现代产业组织》，黄亚钧等译，上海三联书店、上海人民出版社1998年版；［法］泰勒尔：《产业组织理论》，马捷等译，中国人民大学出版社1997年版。

② 参见［美］乔治·J. 斯蒂格勒：《产业组织和政府管制》，潘振民译，上海三联书店1989年版。

③ ［美］李·J. 阿尔斯通等编：《制度变革的经验研究》，罗仲伟译，经济科学出版社2003年版，第195—196页。

④ 参见钱颖一：《现代经济学与中国经济改革》，中国人民大学出版社2003年版，第29—30页。

如何规制经济并无标准范式，要视具体情形权衡而定。如果最高人民法院对产业规制的成本过高，人们就会尽可能避开法院，而让规制成本低的行政机关做出决定。

因此，比较法院规制和行政规制各自的优势与劣势就是一个重要问题。例如，在证券市场监管领域，詹姆斯·兰迪斯（James Landis）是美国证券市场规制的设计者，他怀疑在发行人和内部人剥夺投资者权利猖獗的证券市场上，法院没有足够的激励来惩罚证券发行交易中的欺诈行为。他认为，应由一个独立的、有强激励的证券交易委员会来监管证券市场。他同时提出，监管者执法是更好的策略，其原因在于监管者面临的调查成本较低。这也基本上解释了监管何时可能会优于司法。[①]

如果行政机关和法院对产业规制的成本都大于收益时，那么放松规制，由市场如签订合同或公司合并等完成交易，就是更好的解决方式。从产业组织分析来看，要求规制的人和反对规制的人会游说或选择不同的规制机关。[②] 如果最高人民法院成为规制机关，也会与规制对象（产业利益集团）沟通并根据各自收益做出最优战略组合。根据博弈论的解释，最高人民法院需要审慎对待各方利益，但也应尊重各方利益，并在博弈过程中达成妥协，从而形成一个最优战略组合，让各方都有积极性去遵守最后达成的协议。

尽管包括经济学在内的社会科学被越来越多地运用到法官决策过程中，但这并不意味着法官要成为经济学家，实际上这也不大可能。重要的是，法官需要培养对知识的敏感能力，在

---

① 参见［美］爱德华·格莱泽等：《科斯对科斯定理——波兰与捷克证券市场规制的比较》，班颖杰译，载《转轨、规制与制度选择》，社会科学文献出版社 2004 年版。

② 当然，不同部门在规制权方面的竞争也十分激烈。例如，有关《反垄断法》草案的制定就有发改委、商务部、国家工商行政管理局三家在竞争；而有关燃油税的征收方案财政部一直在进行，但要经过发改委、交通部的同意，载《经济观察报》2005 年 1 月 31 日，第 5 版。

知识交流中做出科学决策。法官不只是倚仗国家强制力，而需要借助科学方法对政策进行评估、预测和指标分析。

由于“决策过程不仅是采纳由严谨分析问题而得出的最适宜结论，而且更是一个诉诸合法化的过程”①，因此，不仅选择何种信息重要，将有用信息纳入正当法律程序中更重要。法官和知识的有效联结，必须通过法律程序才能合法化。法律程序的功能有二：一是在一定程度上避免法官的随意选择，二是防止知识效力的不确定性。

就避免法官的随意选择来说，法官在对各种信息进行利益衡量时，即使做到了实体公正，但如果各方利益表达信息的传递渠道不通畅，那么在程序上就会不公正，更何况程序不公正有可能会影响实体公正的实现。从信息经济学角度来说，合理的信息渠道安排，能够激励信息披露和控制政策偏向。②

但目前法官决策的信息来源，有时是媒体报道，有时则由一方当事人私下提供。可以说，法官信息选择的渠道比较随意。为了实现有效公正的法律结果，应该通过一个完全的、动态的司法竞争市场让法官完成信息选择。在制定政策过程中，要避免最高人民法院法官与实力较强的利益群体或组织进行非正式接触，形成严格的、程序化的利益游说规则；要将利益群体或组织可能的寻租行为变成帮助法官做出科学决策的行为，由他们向法院提供政策后果分析的实证报告。

因为实力较强的利益群体或组织与实证报告的利益联系最为密切，他们也最有动力聘请专家进行科学分析，这样通过聘请专家来影响决策的方式，实际上是一种政治策略。例如，抗辩制的背后就是一个信息竞争过程。双方当事人及律师在法庭

---

① 《社会科学的优良中差》，载《国际社会科学》2005年第2期。

② 楼国强、张来武：《公共政策中的利益冲突和信息披露》，载《北京大学学报（哲学社会科学版）》2005年第3期。

上各自向法官提供信息，让法官进行选择，这样做是有效率的。但是，这一制度并不适合中国。即使实行抗辩制，还有法官是否愿意去选择、辨别信息的问题。

就防止知识效力的不确定性来说，由专家提供知识信息给法官，虽然有助于提高司法效率，但考虑到有势力的利益群体或组织，专家在高额费用的诱惑下，有可能牺牲学术或专业判断，迎合出钱者的口味。因此，是否采信专家证言或实证报告，需要在司法过程中进行检验，让更多专家参与其中，促进知识竞争，最大限度地帮助法官提高判断力。

波斯纳认为，整个法律训练同质化形成的关于法律理论的共识，使得法学院出来的学生以及法律人误以为自己已经登上了通向真理的专列。① 实际上，法学院的那些高级理论、教义学说与最高法院的实际问题没有什么关系，最高法院的问题更多与社会、制度因素以及该体系本身有关，即使终生研究法律原则，对理解这些问题也无甚助益。② 但在这些司法信条和流行观念的指引下，中国法院的经验研究也被缺省了。对最高人民法院的研究，可以通过制度设计、法言法语和宏大叙事进行。就法学院的教育来说，应对现有的知识结构布局进行改革，更新知识。法学院除了建立理论和实务研究团队之外，也应该建立政策分析团队，与相关单位合作，运用科学方法进行政策评估，③ 从而将有用的知识传送给法院和法官。

但即使法官提高了对知识利用的能力，若其与利益群体或

---

① ［美］波斯纳：《超越法律》，苏力译，中国政法大学出版社 2002 年版，第 66—67 页。

② ［美］波斯纳：《联邦法院：挑战与改革》，邓海平译，中国政法大学出版社 2002 年版，序Ⅵ。

③ 在美国，政策分析已经成为一种职业，不单是学者，在很多机构如立法机关、咨询公司、商业机构、行业协会等都有专门的政策分析人员。著名的如兰德公司、布鲁金斯学会等。参见［美］戴维·L. 韦默、艾丹·R. 维宁：《政策分析——理论与实践》，戴星翼等译，上海译文出版社 2003 年版，第 31—34 页。

组织关系密切，仍有可能作出不恰当决策。这时就需要强化立法机关如全国人大及其常委会的监督作用。全国人大及其常委会对最高人民法院包括对其法官行为的监督，不是通过个案监督的方式，而是从以下两个方面展开：

第一，要求最高人民法院向其提交报告，对多年来推行的政策进行评估，分析政策的社会影响以便改进决策能力。这是中国宪法中有关最高人民法院对全国人大负责条款的具体落实，在现有的政治体制内是有积极意义的。①

第二，要求最高人民法院进行信息披露，一般应当公开大部分法院信息。例如，最高人民法院的人员数字、所有法官简历、内部组织机构及其运行规则、历年审判案件的数字、大部分判决书全文、分案规则、案件的开庭日期和进度，等等。

简言之，转型时期的最高人民法院是在传统政治体制和市场经济的双重压力下寻求权力运作的空间。它一方面是法院，在一定程度上要坚持被动、中立的原则。另一方面它又带有强烈的政法属性，是一个科层制的能动机关，② 是贯彻执行中央政策的执行机构。此外还要对市场活动作出快速反应，与不同利益群体或组织直接打交道，而法官也是在这样的各种约束条件下进行决策的。

---

① 党的十八大以来，最高人民法院已经向全国人大常委会专题报告了关于人民陪审员、规范司法行为、行政审判、深化司法公开、知识产权法院、全面深化改革等工作情况。参见最高人民法院办公厅编：《党的十八大以来最高人民法院专项工作报告汇编》，人民法院出版社 2018 年版。

② ［美］米尔伊安·R. 达玛什卡：《司法和国家权力的多种面孔——比较法视野中的法律程序》，郑戈译，中国政法大学出版社 2004 年版，第 131—141 页。

第 9 章　不确定状态下的法官决策

能到最高人民法院审理的案件，除了诉讼标的额巨大的案件，也有重大、疑难或新型案件。如果案件是通过二审程序到了最高人民法院，法官不能以不懂或不想管等理由拒绝。即使不通过诉讼程序，而是如请示方式报请最高人民法院，法官也需要讨论或提请审判委员会，以法院的名义给予批复。

由于这样的案件不仅影响案件当事人，还会影响某一利益群体、产业甚至公众利益，因此问题就来了：最高人民法院的法官如果没有能力准确预测判决的积极结果，他们会如何作出裁判？本章主要从 3Q 案切入，讨论法官在不确定状态下如何决策的问题。

3Q 案即国内两大互联网公司 360 和腾讯之间的诉讼案件。3Q 案主要包括两个案件：一是腾讯针对 360 发起的不正当竞争诉讼（以下简称 3Q 竞争案），另一个是 360 针对腾讯发起的反垄断诉讼（以下简称 3Q 垄断案）。2013 年，这两个案件几乎同时进入最高人民法院二审终审阶段。360 和腾讯都有数以亿计的用户，因此，判决结果不只是分配双方当事人的利益，还会影响互联网用户群体的利益，甚至会影响整个互联网行业的利益分配格局。

判决后果的不确定性

以判决的后果或影响来划分，法官所裁判的案件主要有三种类型：第一，判决只约束和影响当事人。第二，判决不仅影响当事人，还会对整个法院系统产生影响。这主要是指判决所形成的裁判要旨，会影响同级法院以及下级法院以后的判决。越是高一级法院特别是最高人民法院的判决，对法院系统的潜在司法影响越大。第三，判决不仅影响当事人，还会溢出司法过程，对某一类利益群体、某一产业、市场或社会经济生活产生影响。

对于第一类案件，法官一般可以运用法律逻辑和解释技术，围绕当事人的诉求，即可得出相对确定的结论。因此，法官对这类案件判决后果的确定性最高。对于第二类案件，裁判结果会有多大的司法影响，存在一定的不确定性。但相对于第三类案件，这种不确定性比较容易把握。因为法官毕竟接受过法律科班训练，有知识优势，可以预判对法院系统和职权配置的影响。法官最难确定判决后果的是第三类案件。因为判决对市场究竟产生多大影响，法官很难加以准确预测。

3Q 案属于第三类案件。从审理过程来看，2013 年 12 月 4 日，最高人民法院第一次开庭审理 3Q 竞争案时，派出了时任最高人民法院副院长在内的豪华阵容组成合议庭，破例采取直播方式庭审，轰动一时。从审判结果来看，2014 年 2 月 18 日，法院作出维持原判的终审判决，判决 360 赔偿腾讯 500 万元。[①] 对

① 参见最高人民法院民事判决书［（2013）民三终字第 5 号］。

于年盈利9970万美元的360[①]来说，500万元无足轻重，只能算小输。而且，360在数年官司中不仅未见衰落，反而突飞猛进。难怪腾讯发布的公开信中写道："惨胜如败。除了些许宽慰和轻松，我们并无喜悦。"[②] 这样的审判结果，对互联网市场的影响也并不如预期，市场反应平淡。

最高人民法院为何对该案高高举起——组成超豪华阵容、庭审直播，又轻轻放下——判决只赔偿500万元？这正好体现出法院是在不确定状态下选择了自我利益最大化的方案。法官已经认识到自己是有限理性的。[③] 他们没有能力准确预测：当作出一个他们认为对互联网市场有积极影响的裁判结果时，这种积极影响到底有多大。按照行为法律经济学的解释：人们的决策行为已经系统性地偏离标准经济理论所预测的结果，必须将心理学与经济学有效结合，才能解释人类在不确定条件下如何进行判断。[④]

同时，这也意味着传统法律经济学中预期效用的理论分析已经缺乏解释力。[⑤] 科斯曾说："如果由市场来解决纠纷的交易成本过高，选择法院就意味着法院直接影响经济活动。但法院要做出可欲的判决，必须考虑两个因素：一是应当预测判决的

① 参见美国证券交易委员会公布的360年报，https://sec.report/Document/0001144204-14-013954/。

② 腾讯在2014年2月24日发布的公开信（标题为《是结束，更是起点！》），参见《"3Q大战"落幕 腾讯称"惨胜如败"》，载《深圳商报》2014年2月25日，第5版。

③ See Herbert A. Simon, A Behavioral Model of Rational Choice, 69 *Quartely Journal of Economics* 99 (1955).

④ 参见［美］丹尼尔·卡尼曼、保罗·斯洛维奇、阿莫斯·特沃斯基编：《不确定状况下的判断：启发式和偏差》，方文、吴新利、张擎等译，中国人民大学出版社2008年版。

⑤ 波斯纳对中国法院的审判能否进行经济分析，就持保留态度。他认为中国法院应强调形式理性，而且法官的自由裁量权受制于法律，也不适合采用实用主义和关注效果的做法。［美］理查德·A. 波斯纳：《法律经济学与法律实用主义》，陈铭宇译，载《北大法律评论》第14卷第1辑，北京大学出版社2013年版。

经济后果，二是不要让所解释的法律条文产生太大的不确定性的后果。"[①] 但问题是，科斯所假设的法院能够准确预测经济后果的情况几乎不可能发生。因此，随之而来的问题，就是法官不能准确预测案件的经济后果时，该怎么办？

在 3Q 竞争案中，最高人民法院作为二审法院不能拒绝审理。而且，这两家公司是巨型互联网公司，因此，法院不适当的审判结果很可能会对整个互联网市场产生巨大影响。问题是法官并不能准确预测判决能带来多大的积极后果。[②] 法官甚至无法精确计算腾讯的直接经济损失，特别是长期经济损失。在这种情形下，法官所能做的就是退而求其次，避免产生更大的消极后果。这就是行为经济学上的"损失规避"原则[③]：法官会考虑风险更小、收益也更少的结果，即法官如果不能做对的事，但至少要避免做错事。[④]

相较作出积极后果的裁判，最高人民法院法官更有能力做出避免消极后果的裁判，尽量避免过度干预互联网市场。法官如果重判 360，就会变相认可腾讯的广告赢利模式，可能会固化互联网原有利益格局。但是，如果判决 360 胜诉，否定腾讯原有赢利模式，又会冲击整个互联网行业的发展。因为腾讯现有赢利模式就是主流互联网企业的做法。法官选择轻判 360，意味

---

① Ronald H. Coase, The Problem of Social Cost, *Journal of Law and Economics*, (October 1960).

② 当然，判决更准确的后果只能事后去观察解释。这主要是对研究者提出挑战。较为知名的研究是关于罗伊案对 20 世纪 90 年代中期美国犯罪率大幅度下降的因果关系的定量解释。参见 John Donohue and Steven D. Levitt, The Impact of Legalized Abortion on Crime, *Quarterly Journal of Economics*, Vol. 116, No. 2. (May 2001), pp. 379-420.

③ See Daniel Kahneman & Amos Tversky, Prospect theory: An Analysis of Decisions Under Risk, 47 *Econometrica* 263 (1979).

④ 这实际上也就是法院自我约束规制市场的效果，类似于桑斯坦所讲的"司法极简主义"。参见［美］凯斯·桑斯坦：《司法极简主义：一次一案的精神与民主政治》，商千仪、高忠义译，中国台湾商周出版社 2001 年版。

着将更重要的权利配置交由市场自己解决，通过竞争来改变互联网市场的原有格局。事件的后续发展过程也表明，在 360 向腾讯发出挑战以后，腾讯加快创新速度，也带动了其他互联网公司的创新。①

法官的机会主义

对于有潜在巨大市场影响的案件，最高人民法院法官在采取规避风险决策时，也尽量避免法院公信力的折损。在 3Q 竞争案中，虽然判决 360 赔偿腾讯 500 万元对其来说属于轻判，但 500 万元已经超出法定赔偿最高额。这样，既对双方当事人影响不大，也不会折损或过多折损法院公信力。故此，最高人民法院在裁判文书中作出如下肯定一审法院的表述："一审法院从优势证据的规则出发，虽然无法确定原告所遭遇的经济损失的具体数额，但可以确定该数额已经远远超过 50 万元法定赔偿限额的情形下，酌情确定两被告应连带赔偿两原告经济损失及合理维权费用共计 500 万元。"

在 3Q 竞争案中，法院实际上还顺势提升了自己的公信力。舆论对庭审直播和超豪华阵容给予了积极评价。例如，人们认为这是迈向司法公开透明的重要一步；大法官亲自审案有助于提升案件质量。不过，法院为何决定庭审直播，并组成超豪华阵容？是因为案件特别重大吗？反过来想，如果法官裁判 360 大败，赔偿数亿元甚至更高，或发布禁令，就会给互联网行业带来巨大冲击。庭审直播还有可能吗？不难推断，法官在作出

① 腾讯后来很快推出微信。据 2015 年 8 月汇丰银行（HSBC）发布的报告显示，腾讯公司旗下手机通信 app 微信市场价值估计高达 836 亿美元（约合人民币 5344 亿元），几乎是腾讯市值的一半。

最后判决之前，已经预判了后果。法官需要作出一个对互联网行业有影响，但不大会造成不可预期的负面后果的判决。对这样的轰动案件进行庭审直播，组成超豪华阵容，能体现司法公开透明，增加法院的公信力。因此，法官在这里是理性思考的，但却是机会主义的。法官希望尽可能在这一轰动案件中让法院也获得收益。

可以说，在3Q竞争案的整个审理过程中，法官决策是后果导向的。法官先预估判决后果——不会对市场产生不可预期的负面后果，然后再决定下一步行动。这不仅包括决定是否庭审直播，也包括选择哪个法条进行解释。

裁判结果的正当化

法官不仅在3Q竞争案中已经预估了后果，在3Q垄断案中也是如此。甚至有足够理由推论，尽管形式上这是两个案件，但由于案情高度相关，法官实际上是一体考虑判决后果。一方面，两案合议庭组成人员基本相同，审判员王闯、王艳芳，代理审判员朱理均为两案审理法官，这有助于讨论案情。另一方面，从裁判结果来看，法院虽然是先受理3Q垄断案［（2013）民三终字第4号］，却是先判决3Q竞争案［（2013）民三终字第5号］认定360构成不正当竞争，然后再判决3Q垄断案认定腾讯不构成垄断。如果反过来，法院先认定腾讯构成垄断，那么判决360属于不正当竞争的可能性就大大降低。

因此，法官不可能分别独立审理这两个案件，而必须一体考虑判决后果。法官决策需要权衡和选择的法律，既有《反垄断法》，也有《反不正当竞争法》，还可能有《合同法》。所谓权衡，是指法官决策未必直接适用，但却必须考虑其他特定法律。例如，基于3Q竞争案与3Q垄断案的共生关系，法官在面对不正当竞争纠纷时，不可能不考虑《反垄断法》的影响。同时，由于两案都涉及与用户的合同关系，是否引入《合同法》相关司法解释也会影响裁判结果。即使法官决定适用《反不正当竞争法》，也面临选择哪一条解释的问题。简言之，法官在审理有潜在市场影响的案件时，需要对后果预先判断，然后再去选择和解释法律。

（一）《反垄断法》的解释

法官在审理3Q竞争案时，必须考虑《反垄断法》的适用。因为腾讯是否构成垄断行为，直接影响360是否构成不正当竞争。这也是为何腾讯在2011年6月10日针对360发起不正当竞争诉讼后，360在同年11月15日针对腾讯发起了反垄断诉讼。在360看来，甚至在相当多人看来，腾讯的行为有足够理由构成垄断。

根据《反垄断法》第十八条规定，认定经营者具有市场支配地位，应当依据的因素首先就包括该经营者在相关市场的市场份额，以及相关市场的竞争状况。第十九条还规定，当一个经营者在相关市场的市场份额达到1/2的，推定经营者具有市场支配地位。照此推理，如果按照国内市场占有率，腾讯在中国实时通信工具市场中占据绝对多数，① 构成市场支配地位。一审法院裁判腾讯不构成市场支配地位的主要理由，是将腾讯放在全球的实时通信工具市场来计算，仅仅根据《反垄断法》第十九条的形式推定条件加以认定，通过论证其市场占有率不足10%，就得出其不具有市场支配地位的结论，未对第十八条的

---

① 当时MSN的即时通信业务已经退出中国市场。

实质要素加以综合考量，忽略了互联网行业的复杂性。

而在二审阶段，最高人民法院法官的策略是，从市场份额、相关市场的竞争状况、被诉经营者控制商品价格、数量或者其他交易条件的能力、该经营者的财力和技术条件、其他经营者对该经营者在交易上的依赖程度、其他经营者进入相关市场的难易程度等方面，对互联网领域企业市场支配地位的构成作了创新性论，并对腾讯是否构成滥用行为加以充分说明，最终在 3Q 垄断案中认定腾讯不构成垄断，然后基于后果主义导向对 3Q 竞争案作出判决，从而将认定 360 的不正当竞争行为进一步正当化。

（二）《合同法》的解释

3Q 竞争案和 3Q 垄断案都涉及 360 与用户、腾讯与用户的合同关系。例如，由于腾讯已与用户签订许可证协议，当腾讯起诉 360 不正当竞争时，其实暗含用户在 360 的帮助下违约，用户与 360 存在共谋行为。如果将用户牵扯到诉讼中，这不利于腾讯在公众中的形象，因此，腾讯避免适用《合同法》的解释。

对法官来说，不可绕过的问题是如何定性腾讯弹出广告的盈利模式。[①] 这种盈利模式是作为格式条款出现在腾讯与用户的协议中，这是否属于霸王条款实际上存在争议。《合同法》第三十九条第一款规定："采用格式条款订立合同的，提供格式条款的一方应当遵循公平原则确定当事人之间的权利和义务，并采取合理的方式提请对方注意免除或者限制其责任的条款，按照对方的要求，对该条款予以说明。"同时，《合同法》第四十一条又规定："对格式条款的理解发生争议的，应当按照通常理解

① 李剑：《植入式广告的法律规制研究》，载《法学家》2011 年 3 期。

予以解释。对格式条款有两种以上解释的，应当作出不利于提供格式条款一方的解释。……”如果认定盈利模式条款是霸王条款，法官就会判腾讯败诉。如果认定不是霸王条款，法官又会“得罪”作为消费者的用户。法官最终没有直接肯定腾讯的弹窗广告盈利模式。裁判文书这样写道：

> 消费者是其相关消费体验的最佳判断者，在给予全面正确的信息后，相关消费者会自行对是否选用某种互联网产品作出判断；消费者能否接受经营者提供的某种产品或服务方式，也主要由市场需求和竞争状况进行调节；如果其不喜欢某种互联网产品的用户体验，也可以通过改用其他产品而“用脚投票”。当然，经营者非以损害他人合法权益和谋求不正当商业利益为目的，提供尽可能便利消费者选择或者更好满足消费需求的中立性技术工具或者手段，非但不会受到法律禁止，而且还会得到市场激励。而且，经营者采取哪一种商业模式，取决于市场竞争状况和消费者选择。随着市场竞争的发展和消费者需求的提高，经营者必然会不断改进商业模式和提高服务质量，但商业模式的改进和服务质量的提高应当是正当竞争和市场发展的结果，而不能通过不正当竞争的方式推进。即便后来商业模式得以改进和服务质量得到提高，也不能当然将其作为判断先前商业模式是否损害消费者权益和具有不正当性的依据。尽管天下通常并无免费的午餐，但消费者享受特定免费服务与付出多余的时间成本或者容忍其他服务方式并无当然的“对价”关系。因此，原审判决关于“由于用户在享受实时通讯服务的时候

> 没有支付相关费用，因此花费一定的时间浏览广告和其他推销增值服务的插件和弹窗，是其必须付出的时间成本。用户若想享有免费的实时通讯服务，就必须容忍广告和其他推销增值服务的插件和弹窗的存在”的判断失之准确和有所不妥。

同时，法官在裁判文书中也指出，一审法院关于“通过使用破坏网络服务提供者合法商业模式、损害网络服务提供者合法权益的软件来达到既不浏览广告和相关插件，又可以免费享受实时通讯服务的行为，已超出了合法用户利益的范畴”的认定并无不当。基于合同关系，腾讯用户不应损害腾讯利益。

（三）《反不正当竞争法》的解释

在 3Q 竞争案中，腾讯认为 360 的行为属于不正当竞争，但却并不属于《反不正当竞争法》中所列举的 11 种情形。最高人民法院法官在裁判文书中也承认：这是《反不正当竞争法》第一次适用于互联网市场。为了认定 360 行为属于不正当竞争，法官还采取了以下做法：

第一，直接援引法律原则。法院认定：“反不正当竞争法第二条规定，经营者在市场交易中，应当遵循自愿、平等、公平、诚实信用的原则，遵守公认的商业道德。违反本法规定，损害其他经营者的合法权益，扰乱社会经济秩序的行为属于不正当竞争。本院认为，这些规定同样适用于互联网市场领域……上诉人专门针对 QQ 软件开发、经营扣扣保镖，以说明、诱导等方式破坏 QQ 软件及其服务的安全性、完整性，减少了被上诉人的经济收益和增值服务交易机会，干扰了被上诉人的正当经营活动，损害了被上诉人的合法权益，违反了诚实信用原则和公认的商业道德，一审判决认定其构成不正当竞争行为并无不当。”360的行为不属于《反不正当竞争法》直接列举的情形，但通过对第二条法律原则的援引，就可以将360的行为定性为不正当竞争。

第二，扩大解释《反不正当竞争法》第十四条①。法院认为，“虚伪事实”包括片面陈述真实的事实而容易引人误解的情形。“即使某一事实是真实的，但由于对其进行了片面的引人误解的宣传，仍会对竞争者的商业信誉或者商品声誉造成损害，因此亦属于反不正当竞争法第14条予以规范的应有之义”。这样，就将360的行为进一步限定为不正当竞争。

第三，援引地方法院判决结果。在事实陈述部分，最高人民法院直接转述广东高院的认定：“北京市朝阳区人民法院（2010）朝民初字第37626号民事判决书、北京市第二中级人民法院（2011）二中民终字第12237号民事判决书均认定原、被告之间‘在网络服务范围、用户市场、广告市场等网络整体服务市场中具有竞争利益，二者具有竞争关系’。”既然两者存在竞争关系，就有可能发生不正当竞争。

尽管法官认定360存在不正当竞争，但重判还是轻判，必须考虑采取什么样的责任形式，赔偿还是禁令？如前所述，法官并不希望这一案件对互联网产业产生不可预期的消极后果。如果判360承担巨额赔偿，这会产生很大的市场波动；如果采取禁令，禁止阻止弹出广告的行为，这将会全面规制市场。这对360以及类似经营模式的公司来说是毁灭性打击，造成的市场波动可能会更大。相较前述两种责任后果，采取比法定赔偿额更高，但对巨型公司而言数额又不大的方式，对市场的影响

① 此处指1993年《反不正当竞争法》第十四条，该案审理时，法律尚未修改。该条内容现为第十一条。

是最小的。

简言之，法官在审理有潜在市场影响的案件时，如果不能准确预测案件的积极后果，就会规避风险，避免给市场带来不可预期的消极后果。3Q 案已历经三年，法官为了避免给市场带来更大波动，会倾向于维持现状。这也就是行为法律经济学上的“现状偏见”效应。[①] 法官如果依据《反垄断法》认定腾讯构成垄断，这是改变现状；法官如果依据《合同法》认定腾讯盈利模式是霸王条款，这是改变现状；法院如果依据《合同法》认定腾讯用户存在违约行为，这同样是改变现状。不认定腾讯构成垄断，同时依据行政部门对 360 停止“二选一”行为的命令，轻判 360 败诉，这是法官维持现状的最好结果，也不会对市场产生不可预期的消极后果。

因此，法官在审理这类案件时，一定是后果导向的。法官在大体确定了比较可欲（desirable）的后果以后，再去寻找合适的法条，通过解释加以正当化。这也可以说是发现——证成的过程。但这里所谓的发现，不只是发现事实，还包括确定后果。

后果分析是社科法学的思路，而法教义学只是完成将解释正当化的过程。有人会质疑说法教义学也是考虑结果的。例如，拉伦茨认为，根据法条、解释达到后果后，还是要对后果根据目的进行衡量，如果不合适，还得重新进行解释。[②] 但问题的本质是：法律人在面对这类案件时，是先考虑后果，还是法条？一般人都先从后果而不是法条出发。法律人是不是如此？这就

① 参见［美］凯斯·R. 桑斯坦主编：《行为法律经济学》，涂永前、成凡、康娜译，北京大学出版社 2006 年版，第 5 页。

② 参见［德］卡尔·拉伦茨：《法学方法论》，陈爱娥译，商务印书馆 2003 年版，第 165—174 页。

涉及有没有法律人思维的问题。[①] 概括地说，法教义学坚持法条主义，社科法学则更强调后果考量。正如波斯纳所言，法律实用主义的核心是实用主义的司法，而后者的核心是强调司法要关心后果，以及因此而来的基于后果而不是基于概念和一般性作出政策判断的倾向。[②] 这个后果考量不是仅对案件当事人的后果考量，而是案件所可能产生的社会经济后果的考量，特别是要从社会科学的角度进行后果考量。

对法官来说，最省力的做法就是只处理对当事人有影响的常规案件，按照法教义学的逻辑和解释就可以裁判。法官并不是那么乐意审理有市场影响的案件，特别是会带来不确定影响的案件，因为这会增加很多交易成本，包括知识成本。法官更愿意让市场自己解决，包括自行调解。因而在有些情况下，法官拒绝审理某一类案件，也是出于自我保护，为了避免出现更多不确定的后果。在无法拒绝审理的情况下，聪明的法官还是会进行风险规避。法官会从后果考虑进行自我约束，让规制效果最小化，进而划定法院与市场的边界。

更好预期的个案规制

最高人民法院影响市场的行为，除了通过个案裁判，更多是制定包括司法解释在内的规范性司法文件。而后者对市场的影响往往更不可预期。例如，最高人民法院对餐饮“霸王条款”

---

① 参见苏力：《法律人思维?》，载《北大法律评论》第14卷第2辑，北京大学出版社2013年版；孙笑侠：《法律人思维的二元论》，载《中外法学》2013年第6期；桑本谦：《“法律人思维”是怎样形成的——一个生态竞争的视角》，载《法律和社会科学》（第13卷第1辑），法律出版社2014年版。

② ［美］理查德·波斯纳：《法官如何思考》，苏力译，北京大学出版社2009年版，第217页。

的表态。2014年2月14日，《中国消费者报》头版一则报道引起舆论广泛关注。该报称，最高人民法院2月12日回复本报书面采访时表示："禁止自带酒水""包间设置最低消费"均属于餐饮经营者利用其优势地位，做出的加重消费者责任的不公平、不合理的规定，违反了相关法律规定，属于霸王条款。消费者可以依据上述法律规定，请求人民法院确认霸王条款无效。[①] 最高人民法院这样一次书面的公共表态，是对餐饮业进行法院规制。虽然并非制定正式的政策，但已经带有准公共政策的意味。不过，由于没有细分餐饮业市场的类型，而且存在地域差别和季节差别，法院这样一个带有规制政策意味的公共表态并没有执行力。餐饮行业本身也有反制能力，并不会乖乖实行。

实际上，即使是成文化的司法解释也必须经历个案适用，才有可能准确展现其解释力。而且，这还只是有可能。如果没有经过个案的重新适用，在进行法院规制时，司法解释会存在如下问题，也会带来更大的潜在危险性。

第一，司法解释让法院规制与行政规制的边界相对模糊。行政规制也大量采取成文化的方式。既然如此，什么情况下采取法院规制，什么情况下采取行政规制？按照科斯定理的解释：市场解决、行政规制还是法院规制，这取决于三者的交易成本。如果法院规制的成本最小，能够实现资源的最优配置，就由法院规制。但如何才能准确衡量三者的交易成本？通常的区分标准是按照规制领域进行。例如，美国大部分规制由行政规制来完成，法院规制集中于反垄断和人权。[②] 而在中国，通常当行政

① 任震宇：《最高人民法院回函本报禁自带酒水、设最低消费属霸王条款》，载《中国消费者报》2014年2月14日，第A1版。

② 当然，历史上行政机关和法院曾争夺规制的主导权。例如，罗斯福新政时，法院常常宣布新政所采取的刺激经济的政策无效。

规制涉及刑事问题时，就会转交法院来制定司法解释。在一定程度上，按照领域来划分是基于行政和司法各自的知识比较优势，就是交易成本的考虑。但现在司法解释所涵盖的领域大大超出了刑事领域，而扩展至民商事、行政领域。因此，行政规制和法院规制的边界究竟在哪里，可能还不够清晰。①

第二，司法解释让法院规制的后果更难控制。政策制定者是针对一类案件而不是某一具体个案后果展开预测，因此，政策的不确定性更强。而且，司法解释的实际影响已经溢出诉讼过程，可以为市场提供预期，进而影响到不特定的群体利益。但是，并非所有的法院政策制定者都清楚这一点。尽管司法解释都由审判委员会讨论通过，但最高人民法院并没有一个统一的政策制定部门。具体政策往往依据政策属性交由不同的内设机构的法官分别起草。各内设机构的法官的知识偏好也不同，政策制定水平也有很大差别。如果制定政策只考虑诉讼过程，而不考虑市场预期，就会产生不可欲的后果。

第三，司法解释的制定过程更容易受到利益群体或组织的影响，使得规制较难实现公平的权利配置的优化。特别是涉及某个产业的司法解释，会有相关利益群体或组织的游说作用。这并不是说利益群体或组织不应该游说，而是说司法解释的制定不够公开透明，很容易受到利益群体或组织的不当影响。在这个意义上，司法解释也存在所谓"立法寻租"的问题。

相比之下，法院通过个案语境化适用法律或司法解释，能够减少规制的负面效果。3Q 案对互联网行业的影响、海富投资案对私募业的影响，对市场的震动并没有想象的大。即使是一度争议很大的中福实业担保案，其对银行业 2700 亿资金的影

① 参见陈若英：《超脱或应对——法院与市场规制部门的竞争》，载《北大法律评论》（第 14 卷第 1 辑），北京大学出版社 2013 年版。

响，与其说是该案对银行业的影响，不如说是其所依据的担保法司法解释对银行业的影响。[①] 而正是通过一批类似的“中福实业担保案”，将担保法司法解释的影响范围限定得更具体、更具有可控性。

能够规制市场的判决，往往是能够形成裁判规则的判决。这些裁判规则有的是对制定法的解释，有的是对司法解释的再解释。这种通过个案对法律和司法解释进行解释的做法，也符合科斯强调的不要带来法条的不确定性，即语境化适用法律或司法解释，能够减少规制不确定性。美国法院规制的效果，往往就是通过在个案中对制定法进行解释的方式实现的。[②]

法院个案规制也是界分行政规制的重要标志。在 3Q 竞争案中，法院就提到关于一审法院援用工信部《规范互联网信息服务市场秩序若干规定》和互联网协会《自律公约》是否适当的问题。并且提出：“本院认为，在市场经营活动中，相关行业协会或者自律组织为规范特定领域的竞争行为和维护竞争秩序，有时会结合其行业特点和竞争需求，在总结归纳其行业内竞争现象的基础上，以自律公约等形式制定行业内的从业规范，以约束行业内的企业行为或者为其提供行为指引。这些行业性规范常常反映和体现了行业内的公认商业道德和行为标准，可以成为人民法院发现和认定行业惯常行为标准和公认商业道德的重要渊源之一。”这样说来，个案规制是对行政规制的再规制，是对当事人存在异议的行政规制进行审查判断。

当然，与大多立竿见影的行政规制相比，法院对市场的影

① 五家银行联名向最高人民法院出具说明函，主要指向的是《担保法解释》，而不是具体适用的中福实业担保案。参见侯猛：《最高法院规制经济的功能——再评“中福实业担保案”》，载《法学》2004 年第 6 期。

② 参见［美］桑斯坦：《权利革命之后：重塑规制国》，钟瑞华译，中国人民大学出版社 2008 年版。

响不那么明显。例如，“3月14日一早，一份叫停线下二维码支付和虚拟信用卡的央行‘红头文件’在各个微信群里传开，这在最为敏感的资本市场立即产生影响：刚刚宣布将与腾讯、阿里开展虚拟信用卡业务合作的中信银行一度跌停并临时停牌，涉及二维码的上市公司新大陆、证通电子双双跌停。据报道，央行已向多家机构下发《支付机构网络支付业务管理办法》《手机支付业务发展指导意见》草案，拟规定个人支付账户单笔不超过1000元，支付机构不得为付款人和实体特约商户的交易提供网络支付服务”①。

归纳来说，最高人民法院关于类似3Q案这样能够潜在影响市场的判决不是多，而是太少。因为法院制定的大量的司法解释或其他规范性司法文件，给市场带来的潜在影响更具有不确定性。长期来看，应建立一套替代机制，让判决而不是司法解释发挥更大的作用。这包括：最高人民法院制定更多有关程序而非实体权利分配的司法文件；限制司法解释的可适用性，将其只作为裁判规范，而不是行为规范，减少其对市场的影响；筛选更多有普遍法律适用意义的案件进入最高人民法院。

对于个案规制来说，法官虽然会基于风险规避作出防范发生消极后果的决策，但规制效果仍有优化的可能。例如，法院规制的效果会因不同类型的当事人而有所差别。在与法院交涉的过程中，强者当事人和弱者当事人所表现出来的作用是不同的。弱者当事人往往体现为松散的个人，对法院的使用也大多是单次的，甚至不能提供给法院有用和有效的信息。这样，在与法院交涉的过程中，深受法院规制的制约，也容易导致法官误判。相比之下，强者当事人往往是大企业，或是有强势利益

---

① 参见伍迪：《被马云打败的和打败马云的》，载《商业周刊》（中文版）2014年第6期。

集团或行业协会支持的企业。他们对法院的使用是多次的，有足够财力请律师搜集对自己有利的信息。这样，在与法院交涉的过程中，能够最大限度提出自己的利益要求。而且，如果对法院规制不满意，也有能力提出反制。

这与格兰特的研究结论相吻合：法院即使采取独立立场，仍然不能做出公平的判决，强者更容易胜出。① 谁有能力向法院提供强有力的信息，谁就能在法院规制中获得对自己最有利的结果。弱者不行，但强者可以做到。例如，在事实争议既定的情况下，如果是个人起诉腾讯，很难胜诉，因为诉讼成本太高。但如果是腾讯起诉个人，更可能胜诉，因为对腾讯而言诉讼成本要小很多。但如果是企业对企业呢，例如，这次的360诉腾讯，其实是势均力敌，各方都有大量资源投入，甚至腾讯更胜一筹。双方投入越多，特别是律师的作用越大，越能够让法官作出合乎情理的判决。

总的来说，法院要在强弱不对等的情况下，可以通过以下几种方式优化规制效果：第一，增强弱者当事人的竞争力。例如，提供法律援助，让相关弱者团体协会介入诉讼，平衡强者当事人带来的冲击力。第二，法院挖掘自己规制的比较优势。什么情况下规制，什么情况下交给市场？什么情况下采取经济性规制，什么情况下采取社会性规制？法院的知识优势，可能是一套公平正义的观念。因此，法院规制的目的，不是或主要不是实现效率最大化，而是需要兼顾分配正义。例如，法院或许没有能力解决市场竞争的问题，但可以判断针对消费者的侵

---

① 参见 Marc Galanter, Why the "Haves" Come Out Ahead: Speculations on the Limits of Legal Change, 9 *Law & Society Review* (1974), 95. 此外，贺欣也做了针对格兰特假设加以验证的中国经验研究。Xin He and Yang Su, Do the "Haves" Come Out Ahead in Shanghai Courts? *Journal of Empirical Legal Studies* , *Volume* 10, Issue 1, 120-145, March 2013.

权行为。科斯定理注意到了这一点，但没有将当事人的身份地位引入讨论，而海瑞定理则做了拓展性的解释。①

从这个意义上来看，不论是3Q竞争案还是3Q垄断案都涉及第三人消费者用户的利益。但是，法官似乎有意忽略本案对广大消费者成本收益的影响，因此，这并非一个规制资源优化配置的判决。如果能有相关消费者团体或协会介入，或许会实现规制资源的重新配置。

① 参见苏力：《海瑞定理的经济学解读》，载《中国社会科学》2006年第6期。

第10章　司法中的社会科学判断

对于法官特别是最高人民法院法官来说，在决策过程中，不光要运用法律推理和逻辑，更需要运用社会科学的知识、方法和材料辅助判断。在法律实务特别是司法实践中，社会科学如何引入，对法律人有何意义，学界尚缺乏基本共识，经验总结也较少。不少学者认为，法解释学及其衍生出来的法教义学[①]围绕司法裁判来展开，是法律职业的基本训练。社会科学只是法教义学补充和考量因素，不是独立的思考方式。也有少数学者提出异议，他们认为，法教义学主要用来处理常规案件，社科法学特别是法律经济学在疑难案件中更具指导优势。[②]

与上述两种见解都不同，本章的讨论将指出，社会科学不只可以用来处理疑难案件，还可以贯穿于整个司法裁判过程之

---

① 法教义学可以称为法解释学的高级版，其基本功能是法律适用、解释法律，但更强调在尊重法体系和法秩序的前提下进行解释，以实现形式法治。国内的法教义学研究和教学也刚刚起步，有关一般性的讨论，参见许德风：《法教义学的运用》，载《中外法学》2013年第5期；有关具体司法适用的讨论，参见陈兴良：《寻衅滋事罪的法教义学形象：以起哄闹事为中心展开》，载《中国法学》2015年第3期。

② 参见桑本谦：《“法律人思维”是怎样形成的——一个生态竞争的视角》，载《法律和社会科学》（第13卷第1辑），法律出版社2014年版。

中。并且，在社会科学诸领域，不仅经济学能影响裁判，社会学、人类学、心理学乃至文学都可能影响裁判过程。

相应的，在法学院进行社科法学的教学，旨在训练法律人对社会科学的判断能力，而不是或主要不是社会科学知识方法的传授。社会科学的学习主要也应当在专门的社会科学院系完成。与社科法学的教学形成对比，法教义学主要是训练法律人的逻辑推理判断能力。

社科法学的教学与社科法学的研究也有明显差别。研究的主要目标，是让对法律问题的解释更有说服力。同样针对司法个案，社会科学研究往往从个案出发，但超越个案，讨论个案背后的一般性问题、制度性问题。这与运用社会科学进行司法个案裁判完全不同。而教学的主要目标，是训练法律人对案件的判断力，增强案件的说服力。因为能够说服当事人的裁判，不仅需要法律逻辑推理，有时也必须包括因果关系解释。社会科学的核心是解释因果关系，法律人在裁判过程中进行社会科学判断，有助于法律效果与社会效果的统一。

以事实为中心

裁判过程可以简化为事实认定和法律适用两个阶段。“法院实务上最主要、最困难的工作在于认定事实，以适用法律。”① 所谓“最主要”，是指在大多数案件中，当事人争议的主要是事实问题，而不是法律适用问题。所谓“最困难”，是说事实认定是法律适用的前提。如果事实认定有问题，则直接影响法律适用的结果。

---

① 王泽鉴：《民法思维：请求权基础理论体系》，北京大学出版社 2009 年版，第 20 页。

（又称吉尔茨）的解释："法律的事实是被制造出来的而不是天生的——若由一位人类学家来讲，他会这么说——是运用从证据至上的规则、法庭上的规矩、法律记录的传统格式一直到申辩技巧、法官的修辞以及法学院教育推重经义训诂的传统学风等等一切元素，社会性地建构出来的东西。"①

由于法律事实必须用法律概念来指代，法律概念在功能上就勾连起案件事实与法律规则，成为事实问题与法律问题的"接口"。具体来说，概念能指代事实，而一个法律规则不能直接指代社会事实，必须通过概念来完成。概念的作用，犹如乔姆斯基所讲的边界效应（Edge Effect），是指两个边界在形成对比时出现的效应。② 这样，由法律概念所界定的法律事实，有时既是事实问题，也可能是法律问题，两者之间难有清晰的边界。③

法教义学更关心与法律适用相关的法律事实，而不太关心案件社会事实。案件社会事实虽与适用无关，但却可能反映当事人所重视的事实上的因果关系。在裁判过程中，法律事实主要是由律师而非法官裁剪完成，法官更多是在此基础上进入找法的阶段，如民法上的请求权基础阶段。梁慧星指出：律师代理案件，在接受了当事人的委托之后，首先当然要弄清楚本案的事实，并为在法庭上证明本案事实准备各种证据，然后就要从现行法律、法规中找到本案应当适用的法律规范，建议审理本案的法官采用这一法律规范，作为裁判本案的裁判基准。此

---

① ［美］克利弗德·纪尔兹：《地方知识：诠释人类学论文集》，杨德睿译，麦田出版城邦文化事业股份有限公司 2002 年版，第 238 页。

② ［美］诺姆·乔姆斯基：《语言的科学：詹姆斯·麦克吉尔弗雷访谈录》，曹道根、胡朋志译，商务印书馆 2015 年，第 430 页。

③ 相关讨论，参见陈杭平：《论"事实问题"与"法律问题"的区分》，载《中外法学》2011 年第 2 期。

法律人在裁判过程中所进行的社会科学判断，主要是围绕事实问题展开。事实认定必须通过证据来完成，证据在裁判过程中的作用十分关键。[①] 这样，社会科学与证据的关系就相当密切。法解释学特别是法教义学，主要是围绕法律问题来展开："法律人从事的工作在于将抽象的法律适用于具体个案，涉及法律的解释、漏洞的补充或法律续造等法律方法的问题。"[②] 对于事实问题的处理，也基本交由证据法来解决。

（一）法教义学对事实的理解

法教义学已经形成了处理事实问题的特定范式：其对事实的理解，服从于规范前提。这个规范前提就是预设："法教义学是以现行法律的内容和适用为对象建立的法律知识体系，包括从制定法中，学术研究中以及相关判例中得出的关于现行法的所有理论，基本规则与原则……法教义学的方法就是对现行有效的法律规范进行解释、归类于系统化的方法，而这种方法必定是在现行法所确立的体系之内进行的……保证体系内部无矛盾性是法教义学的首要任务。"[③]

法教义学是从法律（规范、体系、秩序）出发去分析判断整个事实过程，并将案件日常社会事实转变为法律事实。法律事实或称"要件事实"[④]，是根据证据法、程序法和实体法裁剪以后，能够产生法律效果的案件事实。按照人类学家纪尔兹

① 甚至有人认为，证据法已经成为裁判的核心。参见杨秀清：《民事裁判过程论》，法律出版社 2011 年版，第 156 页。

② 王泽鉴：《民法思维：请求权基础理论体系》，北京大学出版社 2009 年版，第 16 页。

③ 卜元石：《法教义学及其功能》，载《中德私法研究》（第 6 卷），北京大学出版社 2010 年版，第 3—25 页。

④ 日本司法研修所对要件事实的经典定义是："实体法权利的发生、妨碍、消灭等法律效果是否产生，与是否存在相应的具体事实紧密相关，这些事实就被称为要件事实。"关于要件事实的详细说明，参见许可：《民事审判方法：要件事实引论》，法律出版社 2009 年版。

项法律规范，理论上称为“请求权基础”。[①]

而且，在法教义学的教学中，基于教学时间成本的考虑，案件事实也往往是给定的，法律人将更多精力投入法之发现及法律适用。然而，给定事实的信息有限，就会影响法律适用。此外，事实认定更多是交由证据法来完成，本质上与法教义学并没有关系。由此可以认为，法教义学的核心是法律问题，而非事实问题。

（二）社会科学对事实的理解

裁判过程的事实问题，在两大法系中的重要性有所不同。大陆法系以制定法为中心，注重演绎推理，法教义学得以发展，形成教科书体系以指导法官裁判。英美法系以判例法为中心，注重类比推理，形成遵循先例的司法传统。没有知识和规范体系化追求，也就没有法学家指导法官的可能。[②]

与演绎推理相比，类比推理的裁判过程需要更多精力处理事实问题。类比推理的基本步骤，首先是对已决案件和待决案件的事实进行比较，归纳出相同点和不同点，然后再对相同点和不同点的重要性进行衡量。[③] 而要对这些比较的事实差异加以精确处理，不但需要逻辑、理性、直觉和经验，更需要社会科学判断。

---

① 参见梁慧星：《裁判的方法》，法律出版社 2012 年版，第 289 页。

② “在德国，显而易见，是教授在法律秩序的形成中起到了举足轻重的作用。”法学教授创造了法教义学理论体系。但在英美法系，法官才是法律秩序的主要形成者。参见［日］大木雅夫：《比较法》，法律出版社 1999 年版，第 263、280 页。

③ ［美］史蒂文·J. 伯顿：《法律和法律推理导论》，张志铭、谢兴权译，中国政法大学出版社 1998 年版，第 30—49 页。

虽然演绎推理的裁判突出强调逻辑三段论，① 但事实问题同样甚至更为重要。三段论是以法律规则为大前提，案件事实为小前提，最后得出产生法律效果的结论。但实际上，法律人首先面对的是作为小前提的案件事实，然后才是寻找作为大前提的法律规则。而且，中国裁判文书的表述，也是遵循先陈述案件事实，再给出理由，最后依据法律裁判的顺序。这样看来，虽然在理论上，具有一般化意义的法律问题比特定案件的事实问题更重要，但在实务上，法律人在处理特定司法个案时，事实问题更重要。没有个案的事实问题，就没有个案的法律问题。法律人可以通过证据规则将社会科学引入个案的事实判断。

如果进一步反思逻辑三段论，其中涵摄（Subsumtion）的推论过程实际上也语焉不详。涵摄作为一项法学思维过程，“一方面，须从法律规范去认定事实，另一方面，亦须从案例事实去探求法律规范，剖析要件，来回穿梭于二者之间，须至完全确信，案例事实完全该当于所有的法律规范要件时，Subsumtion 的工作始告完成，可进而适用法律，以确定当事人间的权利义务关系”②。由于涵摄所强调的是在事实与法律之间来回穿梭，也不知道有多少个来回，这本身就已经弱化了只有“三步走”的三段论的“神圣性”。更重要的疑问是，什么是来回穿梭，什么才是完全确信，法教义学已经无法解释。如果将这些归结为法官心证，那从认知心理的角度，法律人在此过程中就更需要社会科学判断。

大致来说，可以归纳如下几点作为本章立论基础：

---

① 民事法官在裁判当中遵循的逻辑规则就是形式逻辑的三段论。一个判决是否正确、妥当，就看它是否符合这个裁判逻辑公式。参见梁慧星：《裁判的方法》法律出版社 2012 年版，第 8、11 页。

② 王泽鉴：《民法思维：请求权基础理论体系》，北京大学出版社 2009 年版，第 162—163 页。

第一，法律人所面临的首要问题是事实问题，而非法律问题。无论是注重演绎推理，还是注重类比推理，都要首先面对事实，需要证据认定事实，需要社会科学来支持证据的证明力。在这个意义上，事实问题就是证据问题，就是社会科学问题。

第二，两大法系证据证明标准不同，社会科学的运用也存在差异。法教义学在大陆法系占据绝对优势，注重演绎推理，围绕法律问题展开。事实问题主要由证据法处理，但证据制度总体上并不发达，不利于社会科学的引入。而在判例法传统的英美法系，注重类比推理，事实问题是核心，相应的证据制度也比较发达，更利于社会科学的引入。

第三，不同的诉讼结构，产生不同的社会科学需求。例如，20 世纪 90 年代以来进行的民事审判方式改革，从职权主义转向当事人主义模式。法教义学所对应的职权主义纠问制，由法官主导事实认定和法律适用，在裁判过程中引入社会科学的关键在法官，但法官缺乏有效激励。而在由双方当事人律师主导、法官相对被动的对抗制中，社会科学引入的关键在律师，律师有激励机制，同时也会迫使法官进行社会科学判断。

裁判事实中的社会科学

依据案件类型，裁判过程中的事实至少可以分为裁判事实（Adjudicative Facts）和立法事实（Legislative Facts）。裁判事实是指与特定案件当事人密切相关的事实："当法院对于本案中当事人有关的事实——当事人做了什么，当时的情况是怎样的，事件在何种背景下发生——进行认定时，法院便是在执行裁判的功能，这些事实则可被称为裁判事实。"立法事实是指不针对特定案件当事人，但有助于判断案件的潜在影响力的事实："当法院考虑法律或者政策问题的时候，它就在进行立法，而那些为其立法判断提供了信息的事实可以很方便地被称为立法事实。"① 这一部分以美国为例，先讨论裁判事实与社会科学的关联性。

（一）科学证据的准入②

在司法裁判过程中，（社会）科学必须借助于证据规则，才能作为认定裁判事实的理由。但科学知识作为证据准入标准，经历了从"专门领域被普遍认同"标准到"有助裁判者理解"标准的阶段。③ 在 1923 年的 Frye v. United States 案中，美国哥伦比亚特区上诉法院认定："收缩血压测谎实验还未能在生理学和心理学权威中获得地位和科学认同，法院据此不会承认迄今发现、发展和实验所推导出来的专家证言。"④ 但到了 1975 年，《美国联邦证据规则》第 702 条规定：如果科学、技术和其他专业知识，有助于事实裁判者在争议案件中理解证据或认定事实，专家证人可以以发表观点或其他形式作证。⑤ 美国联邦最高法院在 1993 年的 Daubert v. Merrell Dow Pharmaceuticals 案中进一步认为："Frye 标准被联邦证据规则取代，但这并不意味着联邦证据规则对据称是科学证据的准入不设置任何限制。初审法官并非

---

① See Kenneth Culp Davis, An Approach to Problems of Evidence in the Administrative Process, 55 *Harvard Law Review* 364, 402 (1942).

② 此处内容部分参考 John Monahan, Laurens Walker: *An Introduction to Social Science in Law* (Foundation Press, 2006)，并核对了其中所涉及案例的裁判文书的原文。国内中译本可以参见［美］约翰·莫纳什、劳伦斯·沃克：《法律中的社会科学》（第六版），何美欢、樊志斌、黄博译，法律出版社 2007 年版。

③ *See* Adina Schwartz, A "Dogma of Empiricism" Revisted: Daubert v. Merrell Dow Pharmaceuticals, Inc. And the Need to Resurrect the Philosophical Insight of Frye v. United States, 10 *Harvard Journal of Law & Technology*, 149, Winter, 1997.

④ Frye v. United States, 293 F. 1013 (D. C.. Cir 1923).

⑤ Federal Rules of Evidence, Rule 702. Testimony by Experts.

没有能力筛选证据。相反，根据规则，初审法官必须确保所有科学证言或证据，不仅具有相关性（relevant），还具有可靠性（reliable）。”①

相关性已经是美国证据法的核心原则。社会科学证据与裁判事实之间必须具有相关性。依据《美国联邦证据规则》第401条，“相关证据是指那种有可能使得任何事实——该事实对案件事实认定产生影响——的存在概率较之于没有该证据时增加或者减少的证据”。相关性意味着，证据必须与影响案件的事实有关，同时还必须使该事实相较于没有此证据时存在概率增加或者减少。②

以商标案件为例。如何判断消费者混淆，最初法院以属于传闻证据（Hearsay）为由拒绝基于调查所获得的经验数据。在1928年Elgin National Watch Co. v. Elgin Clock Co.案中，原告提交给法院2000份返回的调查问卷，法院认为被调查人的陈述难以被证实，而且没有出庭，因此拒绝了这份调查数据。③但1963年的Zippo Manufacturing Co. v. Rogers Imports案改变了调查数据的证据准入要求。④新的社会科学证据标准得以确立，即社会科学证据并不是必须对裁判事实起到决定性作用，只要有任何可能性证明存在消费者混淆，此证据就是有相关性的，因此被推定准入。

（二）研究方法的判断

作为证据的社会科学，有的是个案或定性方法得出的结论，

---

① Daubert v. Merrell Dow Pharmaceuticals, Inc., 509 U.S. 579, 113 S. Ct. 2786 (1993).

② Lawrens Walker, John Monahan, Social Facts: Scientific Methodology as Legal Precedent, *California Law Review* 76 877 (1988).

③ Elgin National Watch Co. v. Elgin Clock Co., 26 F. (2d) 376 (D.C. Del. 1928).

④ Zippo Manufacturing Co. v. Rogers Imports, Inc., 216 F. Supp. 670 (U.S. Dist 1963).

有的是定量方法得出的结论。定性证据包括证人证言、司法鉴定等。例如，轰动全国的“南京宝马案”，肇事者被鉴定为急性短暂性精神障碍，就是针对特定个案进行定性分析获得的证据结论。尽管存在巨大争议，但这一定性证据的证明力最终需要法官来判断。

定量证据的运用也相当广泛。例如，在前面提及的 Zippo Manufacturing Co. v. Rogers Imports 案中，为了判断 Zippo 与 Rogers 的打火机在外观上是否会造成消费者混淆，原告基于全国烟民的概率样本进行了三个独立调查，每个样本规模为 500 人。在第三项调查中，被访者拿到一个 Rogers 打火机，然后被要求回答其品牌。34.7%被访者认为它是 Zippo 牌，只有 14.3%的被访者认为它是 Rogers 牌。不需要超过 50%，就可以认为原告已经证明了 Zippo 和 Rogers 标准打火机多半会被混淆，而且已经实际发生。

与定性证据相比，定量证据证明力的争议更大。最有代表性的案例是 2011 年 Wal-Mart Store, Inc. v. Betty Dukes 案。原告 Betty Dukes 和其他几位（前）员工认为沃尔玛公司存在普遍性的性别歧视问题。原告提出的证据是运用回归分析方法得出的结论。回归分析主要针对不同地区中提拔到管理岗位的女性数量、女性在整个沃尔玛公司的比例、沃尔玛与其他与其相竞争的零售商中女性受到提拔的比例、女性与男性员工在沃尔玛公司中的差异，等等。最后得出结论：沃尔玛公司经理当中女性缺乏代表的规模、普遍性和一致性，表明这种缺乏代表是深植于该公司组织文化和全公司的就业态度、政策及实践中的，后者反映并维持前者。但最高法院最终以 5∶4 推翻了这一结论。

法院认为，即使从表面上的价值来看，这些研究也不足以支持被上诉人（原告）的主张。在 General Telephone Co. of

Southwest v. Falon 案中，我们认为，单一原告受到歧视，不足以证明，在雇佣过程中这种差别对待是普遍存在的。同样，在本案原告的主张中一个类似的论证错误——就像 lkuta 法官所指出的那样，即使在地区和国家层面存在歧视对待，也不能够表明在单个门店中也一定存在，更不用说（从沃尔玛整个公司存在歧视政策）就推论出所有门店也在执行这种歧视政策。一个地区性的收入差异，只能说明一小部分沃尔玛门店存在这种现象，但不能说明每一个门店都存在歧视。而所有门店都存在歧视正是原告主张其能够代表沃尔玛所有女性职工的立论所在。[①] 法院的结论表明，定量分析虽然能够说明普遍性问题，但结论不一定适用于分析的所有个体。也就是说，回归分析虽然揭示平均性因果关系，但却无法否认个案中“极值”的存在。所以，代表多数意见的斯卡利亚大法官才认为，依据定量方法就是根据公式的裁判。这会侵犯沃尔玛公司在每一个个案中辩护的权利。

（三）新兴技术的引入

能够引入裁判过程的证据，不仅包括科学知识，也包括技术。长期以来，联邦美国最高法院对于视听资料的态度相当保守。例如，法院拒绝庭审录像，是担心录像会影响法官中立裁判。但法院排斥视听资料作为证据，最主要的，可能是担心科学判断会取代法官的专业判断。在现有的裁判过程中，法官需要构建证据链来解决事实问题。但这是法律事实而不是案件真实，法律事实与案件真实并不一致。而视频所呈现的影像是记载而不是还原现场，视频录像要比原来的证据资料更能接近案件真实。一旦视频录像被作为证据广泛使用，法官专业判断的

① Wal-Mart Store, Inc., Petitioner v. Betty Dukes Et Al., 564 U.S.（2011）.

重要性就会降低。①

但在 2007 年 Scott v. Harris 案中，最高法院对视频录像的态度有所改变。Harris 因为高速驾驶受到警察 Scott 追捕。在追捕过程中，Scott 刻意碰撞原告驾驶的车辆以阻止其继续高速驾驶。事后 Harris 指控 Scott 执法过当，违反宪法第四修正案。法院认为，警察阻止会危害无辜民众生命安全的高速驾驶行为，并不违反第四修正案，即使这会导致逃逸者严重受伤或死亡的风险。任何一个公道的陪审团都不会认为，被告刻意碰撞原告驾驶的车辆以阻止其继续高速驾驶，是一个过度的执法行为。② 法院之所以做出这样的事实认定，就在于法院将清楚拍摄事故的现场视频作为其判决理由的一部分。现场视频对法院最终判决产生了强烈影响。

最高法院甚至邀请社会大众观看该现场视频，以判断法院多数见解的认定是否正确。三位学者做出回应，进行实验设计，让 1350 名来自不同地区、具有不同背景、属于不同族群的美国公民观看法院所公开的本案追捕过程的视频。研究结果显示，虽然大多数的受访者形成与法院相同的意见，然而，在不同族群之间却存在显著的差异：白人、男性、政治观点趋于保守、富裕者，较易形成支持被告立场的看法。非裔、女性、政治观点倾向自由派，受到良好教育但较不富裕者，则较易形成支持原告立场的看法。③

由此来看，视听资料以及其他新兴技术的引入，尽管更能

① 举例来说，老人摔倒讹诈，如果没有现场视频，纠纷最终交由法院处理的可能性很大，这会凸显法官专业判断的重要性。但如果有现场视频，纠纷就很容易解决，甚至不需要法官介入。

② Scott v. Harris，550 U. S. 372（2007）.

③ Dan M. Kahan, David A. Hoffman & Donald Braman, Whose Eyes Are You Going to Believe?: Scott v. Harris and the Perils of Cognitive Illiberalism, 122 *Harv. L. Rev.* 122 837（2009）.

够呈现案件真实，但不同的受众自身存在差异，其认知程度不同，对事实的理解也各不相同。这意味着科学判断的客观性可能会存在问题，反而彰显法官专业判断的重要性。当然，这也意味着在裁判过程中，还需要引入认知科学的证据判断。

法官心证与社会科学

科学证据的准入、研究方法的判断、新兴技术的引入，常见于证据规则发达的美国。中国也遇到过上述问题，但处理方式上与美国有相当大的不同。美国对证据的要求比较宽松，根据相关性原则，只要与案件相关的任何事实都可以成为证据。而中国更强调证据的合法性。例如，《民事诉讼法》第六十三条列举了 8 种法定证据。这意味着如果相关证明材料不属于以上 8 种证据，则不能作为证据使用。

从表面上来看，中国对证据要求更为严格，但司法实践中出现很多证据上的问题难以解决。例如，很多具有社会科学属性的材料虽然与个案当事人密切相关，但不能作为证据使用，往往就只能成为法官心证的来源。而所谓心证，是法官通过对证据的审查判断所形成的内心确信。相关依据就是《最高人民法院关于民事诉讼证据的若干规定》第八十五条第二款："审判人员应当依照法定程序，全面、客观地审核证据，依据法律的规定，遵循法官职业道德，运用逻辑推理和日常生活经验，对证据有无证明力和证明力大小独立进行判断，并公开判断的理由和结果。"

（一）只能考虑的专家意见

社会科学进入司法的主要方式是专家意见。但专家意见不属于民事诉讼法明确列举的法定证据。因此，专家意见中的社会科学结论很难作为证据使用。由于没有证据作为有力支撑，社会科学与事实认定之间的联系就相当脆弱。退而求其次的做法是，具有社会科学意义的证明材料成为法官心证的范围。但既然是法官心证，社会科学采纳与否没有严格要求，因此，这反而又会增加裁判的不确定性。

典型案例是最高人民法院二审的3Q垄断案。在3Q垄断案中，腾讯和360都向法院提交了经济学家的专业报告作为证据。在裁判文书中涉及专家意见的表述如下：

> 在本院二审期间，上诉人奇虎公司（360——笔者注）为支持其上诉主张，向本院提交了五组共16份证据。本院对这些新的证据，结合被上诉人（腾讯——笔者注）质证意见，分别作如下认证：第一组证据为证据1—3，用以证明一审判决在界定相关商品市场时，运用假定垄断者测试的方法违背了经济学原理；……被上诉人具有市场支配证据。其中证据1为《奇虎360诉腾讯：对广东省高级人民法院判决书的经济评论》。该证据系RBB经济咨询针对本案一审判决出具的经济分析报告，报告署名人为Derek Ridyard。……证据3为《关于360和腾讯反垄断诉讼案件的经济分析报告》。该报告的作者是Charles River Associate（CRA）的特别顾问David Stallibrass，并由Sharon Pang、Weiye Li协助完成。……本院审查认定如下：证据1实为RBB经济咨询的Derek Ridyard出具的专家意见。作为专业经济咨询机构的专家，Derek Ridyard应根据自身的专业知识对本案所涉及的经济事实等专业问题发表意见，但

是其却完全针对一审判决发表评论，认为一审判决的分析存在漏洞且举证不符合相关经济测试所要求的基本标准，实际上是提供法律意见。……对证据 1 不再予以考虑。……证据 3 实为 CRA 的特别顾问 David Stallibrass 出具的专家意见，David Stallibrass 本人也已经出庭接受质询，本院将结合证据 3 以及 David Stallibrass 的庭审发言对其专家意见予以考虑。……

在本院二审期间，被上诉人腾讯公司和腾讯计算机公司为支持其抗辩，向本院提交了四组共 37 份证据。本院对这些新的证据，结合上诉人质证意见，分别作如下认证：……第三组证据为证据 22—37，用以证明被上诉人在本案相关市场上不具有支配地位。……证据 36 和证据 37 分别为全球经济咨询出具的《关于奇虎 360 相关市场界定、市场力和滥用市场支配地位指控的经济报告》和《关于奇虎 360 和腾讯反垄断诉讼案件中 Stallibrass 先生对广东省高级人民法院判决结果批判的经济分析报告》；……证据 36 和证据 37 系全球经济咨询的 David Evans 出具的专家意见，本院将结合案件具体事实对其予以考虑。……

上诉人主张，……一审卷宗中有全球经济咨询出具的《关于奇虎 360 相关市场界定、市场力和滥用市场支配地位指控的经济报告》，一审法院大量采纳与该报告相同的观点和事实，但未组织质证，违反证据规则。本院认为：……关于全球经济咨询出具的《关于奇虎 360 相关市场界定、市场力和滥用市场支配地位指控的经济报告》。被上诉人在一审过程中将该份报告提交审理法院作为参考，并非作为证据使用。一审法

> 院亦未援引该份报告作为裁判依据。一审依据的部分事实和观点与该份报告有相同之处，并不能说明一审法院采信该报告。由于一审法院并未将该份报告作为裁判依据加以采信，对于该份报告无需组织双方当事人质证。①

本案中，上诉人 360 提交的证据是《奇虎 360 诉腾讯：对广东省高级人民法院判决书的经济评论》（证据 1）和《关于 360 和腾讯反垄断诉讼案件的经济分析报告》(证据 3)。被上诉人腾讯提交的是《关于奇虎 360 相关市场界定、市场力和滥用市场支配地位指控的经济报告》（证据 36）和《关于奇虎 360 和腾讯反垄断诉讼案件中 Stallibrass 先生对广东省高级人民法院判决结果批判的经济分析报告》（证据 37)。对证据 1，法官予以排除，主要理由是认为这是法律意见，而并非经济评论。对证据 3，法官认为专家意见的出具人同时出庭接受质询，因此予以考虑。对证据 36 和证据 37，法院认为是专家意见，对其予以考虑。专家意见并非证据，即使出具意见的专家出庭接受质询，可以视为法定证据的证人证言，法官的立场仍然只是予以考虑。考虑意味着什么？意味着这已经进入法官的心证范围，具有很大的不确定性。

另一方面，既然专家意见并非证据，就不应该写入裁判理由。专家意见的观点一旦被写入裁判理由，就是定案依据，应该接受质询。正如裁判文书中上诉人所主张的，一审法院大量采纳与该报告（证据 36）相同的观点和事实，但未经质证，违反证据规则。但二审法院认为，尽管有部分相同，也并不能说

---

① 北京奇虎科技有限公司与腾讯科技（深圳）有限公司等滥用市场支配地位纠纷案[最高人民法院民事判决书（2013）民三终字第 4 号]。

明法院已采信。而且，专家意见既然不是证据，也就不需要质证。因此，在中国，没有证据有力支持的社会科学，其在裁判过程中的作用相当有限。

（二）不只是修辞的文学典籍

在裁判文书的理由部分，常常还会出现援引文学典籍的情形。这不仅出现在英美法系，也会出现在大陆法系特别是我国台湾地区的裁判文书中。这些文学典籍可能并不是只具有修辞的意义。但严格说来也不是证据，只能算是法官心证的来源。以我国台湾地区的两个刑事案件为例：

与定罪理由相关的案例是“他妈的案”。在本案中，被告因对原告辱称“你他妈的给我走走看”等语，一审被判公然侮辱罪。但二审法院判决无罪，法院的判断是：

> “他妈的”三字，通常是詈词（骂人的话），在一般语境里，是藉以表示怨恨、愤怒、惊诧等情绪的一种口头禅。中国作家鲁迅在《坟·论“他妈的”》一文中，即指：“无论是谁，只要在中国过活，便总得常听到‘他妈的’或其相类的口头禅。”在中国台湾的外省男性，特别是军队出身者，大多数均有不经意地口出此语的情形。正因为是种口头禅，言者经常不自觉地表达出来，事后若要细究言谈过程中有夹杂此三个字，也常难以反思辨觉。于表达愤怒、惊诧情绪时，此三字虽显不雅，略带轻蔑的意味，但字眼中却无指涉性龌龊、或其他粗鄙不堪等贬抑他人名誉感情或中伤人格评价之语意。因其为口头禅的一种，语气上多仅止于表达主观的内在情绪，尚难认系出于恶意的攻

> 击、贬抑他人人格之意念。听者主观上或许意识到名誉情感受伤，但大多数情况，是对言者愤怒情绪所发出决断式语气的不悦。①

在这一判决中，法官援引《坟·论“他妈的”》与随后的表述，共同构成法官心证的部分，成为定罪与非罪重要的事实和理由。

与量刑理由相关的是“台开案”。赵建铭因违反证券交易法而获刑，一审判决书科刑部分，法院提出特别考虑的量刑事由：

> 1.（一）本件所应特别考虑之量刑事由：早在春秋战国时代，“庄子”“胠箧”篇即提及：“彼窃钩者诛，窃国者诸侯；诸侯之门，而仁义存焉”，亦即偷窃腰带钩之人受到处罚，甚而处死，可是窃国者，反而封侯，可谓一语道出不同社会阶级犯罪，存有截然不同之社会后果。而从二千三百余年后之现在社会犯罪现实加以观察，前述庄周之论点，依旧是社会现实，亦即在监狱服刑中者，绝大多数是属于下层社会之传统罪犯；相对的，违反社会规范之权贵阶级，或利用法律漏洞而自始不构成犯罪，或因潜逃出境逍遥法外，绝大多数得以继续享受其犯罪成果，依然光鲜亮丽地行走上层社会，或是继续支配着中国台湾之政经社会资源，此即“权贵犯罪”之现象。②

在这一判决中，法官援引《庄子·胠箧》构成量刑事实和

① 中国台湾高等法院台南分院刑事判决（2015 年度上易字第 474 号）。

② 中国台湾台北地方法院刑事判决（2006 年度矚重诉字第 1 号）。

理由，同样属于法官心证范围。中国大陆将这称为酌定量刑情节，与法定量刑情节相对。① 与法定量刑情节不同，酌定量刑情节是一个十分开放的量刑情节体系，② 这样，社会科学就更容易进入中国的量刑体系之中。

立法事实中的社会科学

如前所述，立法事实是法官造法或法院创制裁判规则时所使用的事实，而不是用来解决案件纠纷的事实。裁判事实的确定只影响案件当事人，但立法事实的确定却影响法律教义本身的内涵。除了影响案件当事人以外，还会影响其他潜在诉讼当事人。

由于引入社会科学的立法事实，主要考虑案件的法律影响和社会影响，借助立法事实所形成的法律（裁判规则）就具有国家治理的意义。与法律（裁判规则）相比，社会科学也是近代民族国家形成和治理需求的产物，③ 同样具有超越个案的一般性。在这个意义上，社会科学与法律（裁判规则）一样具有权威性。此时进行社会科学判断，就不必如裁判事实证据规则要求那样严格。只需要说服法官这一社会科学判断具有因果关系的解释力，即可引入裁判过程之中。

在美国，作为立法事实来源的社会科学主要发生在宪法和普通法中。例如，最早将社会科学判断引入立法事实的案例是

① 刑事法学界通常将量刑情节分为法定量刑情节和酌定量刑情节两种。参见马克昌主编：《刑罚通论》（修订版），武汉大学出版社 1999 年版，第 331 页。

② 陈瑞华：《量刑程序中的理论问题》，北京大学出版社 2011 年版，第 25 页。

③ 参见［美］华勒斯坦等：《开放社会科学》，刘锋译，生活・读书・新知三联书店 1997 年版，第 1—34 页。

Muller v. Oregon 案。[1] 在本案中，布兰代斯作为俄勒冈州方律师，在辩论摘要中引入社会科学材料，证明保护女工的必要性。法院所需要进行判断的社会科学材料，包括 90 多份来自美国和欧洲国家的委员会、统计局、卫生大臣、工厂检查官的报告。而最著名案例则是 Brown v. Board of Education 案。[2] 法院引用不少社会科学研究推翻了 Plessy v. Ferguson 案,[3] 判定公立学校的种族隔离政策违反宪法第十四修正案的平等保护条款。

中国与美国有很大不同。中国没有遵循先例原则，不会出现法官造法所需要的立法事实。但中国法院是国家治理体系的重要组成部分，要为中心工作服务，及时回应社会需求。越是上级法院特别是最高人民法院，其判决可能具有的政策制定意义就越大，就更需要社会科学判断来确保其影响的可预测性。此外，不仅是判决，司法解释具有更大的法律影响力和社会影响力。司法解释的科学性也直接决定其实施效果。

（一）有影响力案件中的立法事实

中国有两类有影响力的案件有立法事实的需要，因此，社会科学的引入也有必要。一类是具有法律影响力的案件，这主要针对那些已经形成裁判摘要的案件。这些裁判摘要已经超出司法个案，具有法律适用的意义。另一类是具有社会影响力的案件，包括轰动案件，这些案件的影响范围已经超出当事人，对社会政治经济生活都有不同程度的影响。

构成立法事实的社会科学，本应由案件当事人提供给法院，或由法院主动调查获得的。但就目前来看，至少在裁判文书中

---

① Muller v. Oregon, 208 U. S. 412, 28 S. Ct. 324, 52 L. Ed. 551 (1908).

② Brown v. Board of Education, 347 U. S. 483, 74 S. Ct. 686, 98 L. Ed. 873 (1954).

③ Plessy v. Ferguson, 163 U. S. 537, 16 S. Ct. 1138, 41 L. Ed. 256 (1896).

很少能呈现出来。例如，福建省霞浦县人民法院在2014年针对一起发生在钓鱼岛海域沉船事故的人民调解协议书，作出民事确认决定。这实际上宣示了中国法院针对钓鱼岛海域专属经济区的民事司法管辖权。

再以最高人民法院再审的“海富投资案”为例，[①] 在一审法院和二审法院相继否定“对赌”协议的效力之后，最高人民法院如何再审引起整个资本市场的关注。法院最终否定股东与公司之间的“对赌”条款的效力，但肯定股东与股东之间“对赌”条款的效力。这意味着私募股权投资基金在没有法律规定的情况下，司法首先赋予“对赌”协议法律效力，但前提是不得损害公司和公司债权人的利益。然而，作为第一份最高人民法院关于私募的裁判文书，其中对私募股权投资、“对赌”协议的说理还很不够，需要进一步完善。例如，可以对“对赌”协议进行经济学解释，并用经济数据说明，签订“对赌”协议是中国目前私募股权融资或者其他投资方与内地企业上市、并购活动中的合作基础和基本形式，等等。

（二）司法解释中的立法事实

与裁判文书中出现社会科学理由不同，社会科学知识往往并不出现在司法解释文本之中。或者利益相关方主动向法院提供，法院在采纳以后，可能出现在相关司法解释的理解与适用的文章和书籍中。

市场常常对司法解释的反应极大。因此，如果司法解释某一条款没有经过科学论证，在实施过程中出现问题，利益相关方也会用统计数据和事实来影响司法解释的修改。例如，2000

---

① 海富投资有限公司诉甘肃世恒有色资源再利用有限公司不履行对赌协议补偿投资案［最高人民法院民事判决书（2012）民提字第11号］。

年 12 月 13 日,《最高人民法院关于适用〈中华人民共和国担保法〉若干问题的解释》施行。但在 2001 年 6 月 15 日，中国工商银行、中国农业银行、中国建设银行、中国银行、华夏银行联名提交给最高人民法院一份函件。其中说明，根据银行业的统计，该解释主要是第四条将会影响 2700 亿元信贷资产的安全。之后，最高人民法院在具体判决中严格限定了该司法解释第四条的适用。

再如，民间借贷四倍利率规则问题。1991 年，最高人民法院发布的《关于人民法院审理借贷案件的若干意见》规定："民间借贷的利率可以适当高于银行的利率，各地人民法院可根据本地区的实际情况具体掌握，但最高不得超过银行同类贷款利率的四倍（包含利率本数)。超过此限度的，超出部分的利息不予保护。"但相当多的事实已经表明，四倍利率严重背离市场。银行的个人信用贷款业务普遍存在规避四倍利率的现象。为了修改这一条款，需要更多的市场经济分析数据和事实。① 最高人民法院最终对市场做出反应。2015 年 9 月 1 日,《最高人民法院关于审理民间借贷案件适用法律若干问题的规定》施行，取消了四倍利率的限制；前述若干意见也同时被废止。

后果的社会科学判断

社会科学判断不仅可以用来理解事实问题，同时也可以贯穿于案件的整个法律适用过程。从国外经验来看，这是伴随着法律现实主义对法律形式主义的批判而来的。不仅是英美法系的美国，即使是同属大陆法系的日本，受怀疑精神的影响，在

① 参见程金华:《四倍利率规则的司法实践与重构——利用实证研究解决规范问题的学术尝试》，载《中外法学》2015 年第 3 期。

“二战”后也出现了关于法律的解释和适用的几种有弹性的见解。从法律以外寻找客观性标准的科学化主张（川岛武宜）、从法律内部寻找客观性标准的利益衡量论（加藤一郎、星野英一）就是最典型的学说实例。棚濑孝雄第一次明确提出“从制度分析转向过程分析”，过程分析就是把审判视为过程，即程序参加者相互作用的过程。①

除了学说之外，在司法实践中，“现实中的审判制度往往以各种形式超出通过一般规范的适用解决具体的纠纷这一给定的功能，在某种程度上把一般规范的制定、修改作用也纳入自身的功能范围”②。这也意味着司法裁判不仅需要后果判断，而且需要社会科学上的后果判断，以更好回应社会变化。

（一）价值判断与利益衡量

作为被批评为法律形式主义的回应，法教义学提出了价值判断问题。由于法教义学尊重既定法秩序，这一法秩序包含人权、自由、民主基本价值。因此，在既定法秩序下展开的法教义学，又称价值法学。③ 这也意味着价值判断已经先于法教义学存在。卜元石就指出：“法教义学与价值判断之间其实并不存在固有的矛盾或是无法跨越的隔阂，与此相反，现行法的制度在大部分情况下已经固定了立法者的价值判断，法教义研究是为了发现这些价值判断并对其合理性进行论证，法官在一目了然的具体案件中，只要适用法律即可，无须过问法律规定背后价值判断的合理性。只有当法律规定不明确，需要进行目的解释

---

① 季卫东：《当事人在法院内外的地位和作用（代译序）》，载［日］棚濑孝雄：《纠纷的解决与审判制度》，王亚新译，中国政法大学出版社 1996 年版。

② ［日］棚濑孝雄：《纠纷的解决与审判制度》，王亚新译，中国政法大学出版社 1996 年版，第 159—160 页。

③ 参见顾祝轩：《制造“拉伦茨神话”：德国法学方法论史》，法律出版社 2011 年版。

来查明法律的内容，或是没有明文规定，法律需要填补法律漏洞时，才需要进行价值判断。”“可以说，至少在成文法国家，价值判断通常完结于法律的颁布，司法过程中进行价值判断是例外，而不是常态，否则立法就失去了意义。”①

由此可以理解，法教义学集中处理法律问题，即是在法律事实（要件事实）形成以后的法律适用阶段。② 而这一阶段已经由立法者完成了价值判断。对于其中法律规定不明确或需要填补法律漏洞的例外情形，法教义学允许法官进行价值判断，留出体系的缺口，将社会科学引入。但主要是将社会科学判断转换成法律的具体解释方法，如社会学解释，从而仍旧保持法教义学的纯洁性和体系性。另一方面，按照法教义学的观点，在判断案件事实是否符合法条的构成要件——即从案件社会事实转化为要件事实时，判断者需要作各种不同种类的断定，这包括以感知为基础的判断、以对人类行为的解释为基础之判断、其他借社会经验而取得之判断、价值判断。③ 这些标准都会给法官针对个案留有判断余地。因此，拉伦茨也承认：“可以想象，当法官最后终于在两个均可认为正当的判断中作出抉择时，他事先已经考量过各该判断的后果（即由各该判断将推论出的案件裁判结果）。”④

---

① 卜元石：《法教义学及其功能》，载《中德私法研究》（第 6 卷），北京大学出版社 2010 年版，第 3—25 页。

② 邹碧华将法官的法律适用方法归纳为要件审判九步法，受到普遍推崇。参见邹碧华：《要件审判九步法》，法律出版社 2010 年版。

③ 参见［德］卡尔·拉伦茨：《法学方法论》，陈爱娥译，商务印书馆 2003 年版，第 165—174 页。按照拉伦茨的主张，假使将案件事实涵摄于法律规范的构成要件之前，必须先依据“须填补的”标准来判断该案件事实的话，判断者于此就必须作价值判断了。此类须填补的标准有：“善良风俗”、“诚信原则”、交易商“必要的注意”，以及（作为即时终止持续性债之关系的前提之）“重大事由”。

④ 参见［德］卡尔·拉伦茨：《法学方法论》，陈爱娥译，商务印书馆 2003 年版，第 175 页。

拉伦茨所讲的事先考量后果，以及前述法官如何在事实与规范之间来回穿梭过程进行判断，因为缺乏可操作性，而被日本学者进一步发展为利益衡量论。[①] “对于应该适用法规进行解释的纠纷，必须考察有怎样的对立着的利害关系。即使是在解释法规之际，也有必要把适用该规定的社会问题进行再分类，明确类型之间相互利益状态的不同。这是为了考虑承认这些场合的不同效果是否妥当而有此必要的。”[②] “在利益衡量和价值判断方面，法律家并没有逻辑的方法，或者是概念、制度的沿革的意义，即所谓理论构成的方面。关于利益衡量、价值判断，即便法律家，亦只是一介市民，或者说是一个人的资格而已”。这就是说，法律人在裁判案件时，首先需要对双方当事人的利害关系进行分析，这并不需要法律逻辑推理判断，而是在大致确定后果之后再去找合适的法条加以适用。

也正是利益衡量无须进行法律逻辑推理，这一理论遭受了容易导致法官主观恣意性的批评。法官主观恣意性肯定存在，究其原因还是在于法官的科学知识储备不足，无法对利害关系进行较为准确的衡量。如果能够建立一个司法竞争市场，通过双方当事人律师，让更多社会科学进入裁判过程之中。这样，就能够帮助法官进行更好的社会科学判断。

但社会科学判断特别是法经济学所主张的权利相互性、成本效益分析，与自然法学包括法教义学的价值判断发生对立。例如，科斯提出权利相互性，波斯纳强调效率、社会财富最大

---

① 严格说来，利益衡量不是方法，而是裁判过程中必须经历的阶段。国内有研究将利益衡量作为方法来理解，通过区分层次结构，建立利益衡量理论。这可能违背了利益衡量所要达到的目的。参见梁上上：《利益衡量论》，法律出版社 2013 年版。

② ［日］星野英一：《民法解释论序说》，载［日］星野英一：《现代民法基本问题》，段匡、杨永庄译，上海三联书店 2012 年版。

化，而强调人权原则的德沃金就表示反对。[①] 在后者看来，人权作为基本价值已经写入宪法，有些不可克减的基本权利已经成为信条。因此，法教义学其实不是反对事先后果判断，而是反对不按照法治原则，如自由、民主、人权进行后果判断。如拉伦茨所言："因为法官希望尽可能对事件作出'正当'的裁判，在事件中实现正义也是司法裁判的正当意愿，因此，预先考量法官自己认为正当的事件裁判，原无不可。"

（二）后果导向的司法裁判

法官以法治原则为由拒绝后果判断，或只按照法治原则进行后果判断。但对于律师来说后果判断却是必需的，他要从当事人的利益出发来推动整个裁判过程。律师受当事人委托存在报酬激励。例如，律师费用或由败诉者负担或采取成功报酬模式，胜诉才收费。[②] 因此，律师对于案件的态度一定是后果导向，要么胜诉，或至少打个平手。

特别是民商事案件中，律师不仅需要分析和筛选代理方提供的案件信息，还需要调查对方的信息；不仅需要关注当事人的经营状况和市场走向，还要跟踪法律和最高人民法院政策的变化情况，甚至是国家整个政治经济形势和政策的走向。在案件基本信息确定以后，寻找合适的法条，可能有数个法条适用方案，最终选择能获得利益最大化的法条。在大的律师事务所特别是知识产权业务的律所，法条的最终选择适用还会交由其市场部决定，因为这其中需要对市场和案件后果进行经济分析。

由于案件双方当事人和律师都采取后果导向的态度，当法

① 相关争论批评，参见林立：《波斯纳与法律经济分析》，上海三联书店 2005 年版。

② 关于律师报酬的介绍，参见［日］田中英夫、竹内昭夫：《私人在法实现中的作用》，李薇译，法律出版社 2006 年版，第 17—27 页。

官在面对双方的诉讼请求时，不可能不对双方所主张的利益也就是他们所期待的案件后果进行权衡取舍。如果是高度同质化的常规案件，由于法教义学已经形成对常规案件的裁判模式，法官无须考虑后果，直接适用法条即可实现双方的利益诉求。但至少有两种类型案件，法官不能按照既定裁判模式处理，必须进行后果判断。

第一种类型是案件只涉及双方当事人，但如果按照法律逻辑推理适用特定法律，就会出现显失公平的裁判结果。英国普通法之外的衡平法，就处理这样的问题。但中国没有衡平法，法官必须从案件的社会后果出发，寻求另外的法律进行解释，哪怕不符合法律形式理性。例如，有一起交通事故中甲乙两人死亡，但导致两人死亡的情形并不相同。按照犯罪构成要件，检察院认定司机导致甲死亡属于交通肇事罪，而导致乙死亡属于过失致人死亡罪。但法院最终认定司机导致甲乙死亡都属于交通肇事罪。这其中的原因何在？因为按照过失致人死亡罪所能够获得的赔偿要比交通肇事罪少得多。特别是在同一案件中，死者获得的赔偿数额存在巨大差异，这非常不公平。对于当事人来说，他们关心的不是定什么罪，最终还是关心赔偿。法院只有从案件的社会后果出发，重新选择法条解释，才能实现法律效果和社会效果的统一。

第二种类型是案件的影响已经超出双方当事人，对行业和社会经济生活产生更大影响。法官必须从所可能导致的潜在的社会后果出发进行裁判。典型案件如“微信商标案”。最先申请微信商标的是个小公司——创博亚太公司，而不是腾讯公司。但法院运用法经济学分析突破了商标申请在先原则，裁定维持商标异议复审裁定。法院在裁判文书中作如下表述：

第三人提交的证据显示，“微信”即时通讯服务应用程序由腾讯公司于2011年1月21日首次推出，晚于被异议商标申请日2个月，早于被异议商标初审公告日7个月。此后，“微信”注册用户急速攀升，根据相关报道的记载，至2013年7月用户已达4亿，至2014年11月用户更超8亿。“微信”在信息传送等服务市场上已经具有很高的知名度和影响力，广大消费者对“微信”所指代的信息传送等服务的性质、内容和来源已经形成明确的认知。

在这种市场实际情况下，如果核准被异议商标注册，不仅会使广大消费者对“微信”所指代的信息传送等服务的性质、内容和来源产生错误认知，也会对已经形成的稳定的市场秩序造成消极影响。

先申请原则是我国商标注册制度的一般原则，但在尊重在先申请这个事实状态的同时，商标注册核准与否还应当考虑公共利益和已经形成的稳定市场秩序。当商标申请人的利益与公共利益发生冲突时，应当结合具体情况进行合理的利益平衡。本案中，一方面是商标申请人基于申请行为产生的对特定符号的先占利益和未来对特定符号的使用可能产生的期待利益，另一方面是庞大的微信用户已经形成的稳定认知和改变这种稳定认知可能形成的较大社会成本，鉴于此，选择保护不特定多数公众的现实利益具有更大的合理性。因此，被告认定被异议商标的申请注册构成《商标法》第十条第一款第（八）项所禁止的情形并无不当，本院予以维持。①

在本案中，法官从市场后果出发进行法经济学分析有其合理性，意在避免判决对市场的负面冲击，维护既有的市场秩序。但对当事人来说，是不是一个公平的判决，可能难有定论。

（三）不确定状态下的法官决策

法官在进行后果判断时，往往处在一种不确定状态。所谓不确定状态，是指法官是有限理性。法官的信息加工能力是有限的，无法按照充分理性的模式去决策。法官没有能力同时考虑所面临的所有选择，无法总是在决策中实现效率最大化。② 由于法官总是在不确定状态下进行决策，就会出现认知偏差。③ 社会科学的引入，能够缓解法官的认知偏差问题，提高后果判断的准确程度。

社会科学如何引入以解决法官决策的不确定性，受到司法体制和诉讼结构的制约。不同诉讼结构遵从不同的法律逻辑推理、不同的社会科学需求，从而做出不同的制度安排。例如，当诉讼结构从职权制转向对抗制时，证据要求也会发生变化。律师比法官有更强激励去引入社会科学判断，给定理由并说服法官。因此，双方当事人律师之间甚至律师与法官之间，存在一个博弈过程，而且是在信息不对称情形下的博弈过程。律师必须进行策略选择，法官也必须能够应对选择，这样才能优化

---

① 创博亚太科技（山东）有限公司诉国家工商行政管理总局商标评审委员会案［（2014）京知行初字第 67 号］。

② *See* Herbert A. Simon, Administrative Behavior, Free Press 1957.

③ Daniel Kahneman, Paul Slovic, and Amos Tversky, *Judgment Under Uncertainty: Heuristics and Biases*, Cambridge University Press 1982.

当事人律师与法官的共生秩序。①

不过，在司法裁判过程中强调后果主义，强调社会科学的引入，会不会违反形式法治？这为法解释学者特别是一部分中国法教义学者所担心。这里可以做如下澄清：

只注重后果的司法裁判，的确有可能构成韦伯意义上的“实质理性”裁判。实质理性裁判意味着“它追求的不是形式法学上最精确的、对于机会的可预计性以及法和诉讼程序中合理的系统性的最佳鲜明性，而是在内容上最符合那些‘权威’的实际的——功利主义和伦理的要求的明显特征”②。

而且，这也并不是说，社会科学是绝对真理，不存在问题。例如，在德国终身自由刑案中，联邦宪法法院在对新近的研究成果进行梳理之后，无奈地指出，科学研究、经验实证研究和心理学上的研究等都无法对终身自由刑的后果给出一个确定性的评估答案。对此有两种截然不同的观点：一种观点认为，长期监禁并不会产生负面后果；另外一种观点认为，长期监禁会给被监禁者带来不可估量的损害后果。联邦宪法法院认为要从中加以识别，其困难在于二者之间没有任何一个能够通过充分可靠的研究而得以确证。③ 可以说，社会科学结论仍有相当大的风险，特别是存在人为控制的因素。这就要求在裁判过程中仍需经常保持怀疑态度。但大体上，对裁判后果进行社会科学判

① 参见周雪光：《组织社会学十讲》，清华大学出版社2003年版，第二讲“组织与市场：一个交易成本经济学的研究角度”。

② 参见［德］马克斯·韦伯：《经济与社会》（下卷），林荣远译，商务印书馆1997年版，第139页。

③ 参见张翔主编：《德国宪法案例选释（第1辑）基本权利总论》，法律出版社2012年版，第194—195页。

断，有助于减少裁判的恣意性。①

社会科学引入司法，仍然可以坚持法治传统。法律人的任务是确保法律的不可中断的连续性和保持法律思想的传统，从而避免法律的专制独裁。“解释的任务就是使法律具体化于每一种特殊情况，但法官正如法律共同体里的每一个其他成员一样，他也要服从法律。”“一个法治国家的观念包含着，法官的判决绝不是产生于某个任意的无预见的决定，而是产生于对整个情况的公正的衡量。”② 社会科学的判断并不否定法治的基本价值，但差别在于灵活性。强调后果导向的裁判，更注意在追求形式法治的过程中实现法律效果和社会效果的统一，以尽可能减少法律与社会之间的隔阂。

最经常在裁判中引入社会科学的美国，比较注重类比推理，同样坚持了形式法治的价值。这说明社科法学与形式法治并非天然对立冲突。一部分中国法教义学的担心有些多余，或许问题出在他们自己，即认为只有法教义学（演绎推理）才能坚持形式法治。③

一部分法教义学者更多的担忧，可能是基于他们自身地位的考虑。社会科学引入法律，打破了法学体系的神话。重新界

---

① （社会）科学除了不可靠之外，还有一种可能是与后果判断相冲突。例如，关于亲子鉴定问题，即使技术上能够做到，但如果一方反对，或子女超过三岁的，应视具体情况，从严掌握。参见《最高人民法院关于人民法院在审判工作中能否采用人类白细胞抗原作亲子鉴定问题的批复》（已失效）。

② ［德］汉斯-格奥尔格·加达默尔：《真理与方法——哲学诠释学的基本特征》上卷，洪汉鼎译，上海译文出版社 1999 年版，第 423—424 页。

③ 参见张翔：《形式法治与法教义学》，载《法学研究》2012 年第 6 期。

定学术边界，正是这些学者们念兹在兹的大事。① 另一方面，“在立法主导法学发展的时代结束以后，学术界的首要任务就是同化这些外来的法律制度，构建中国自己的部门法知识体系，为中国的司法部门提供现实的知识辅助。而这种同化的过程，需要以中国自己的判例为基础对中国现有法律规范进行注释、整合与研究的互动与良性循环。学术研究的目的是为法官提供法律适用的指南”②。因此，法教义学如果不能影响法官裁判，则学说已无意义。

如果能够消除彼此偏见，法教义学和社科法学可以进行合作。③ 法教义学主张将政治问题加以科学化处理，社科法学其实也是。只不过前者的科学化是法律科学，解释稳定的社会结构中出现的问题，而后者则加入了社会科学，解释动态社会变迁中出现的问题。社会科学中的个体主义、理性主义、现代主义思想，与法学思想都是相通甚至相同的。社会科学中的核心概念，如选择、决策，甚至更微观的概念，如有限理性、信息成本，都会让法律从抽象变为具体，反而有助于增加法律的正当性。

同时，法教义学给出理由，社科法学也是给出理由。法律和社会科学合作，有助于增强裁判的说服力。法律是准则，社会科学是专业表述，对于“准则不需要太多的解释，只要它们

① “这一目标要求法学理论清除一切不纯粹的东西，也就是有关政治现象、经济现象、道德现象或文化现象的考虑可能带来的后果。”“这种理论的发展过程中的大部分动力，都是源于法律学者的欲望：提升其研究地位，与科学并肩而立。”［德］彼得·瓦格纳：《并非一切坚固的东西都烟消云散了：社会科学的历史与理论一探》，李康译，北京大学出版社 2011 年版，第 24—25 页。

② 卜元石：《法教义学及其功能》，载《中德私法研究》（第 6 卷），北京大学出版社 2010 年版，第 3—25 页。

③ 关于经验研究（社科法学）与规范研究（社科法学）的合作可能，参见王鹏翔、张永健：《经验面向的规范意义——论实证研究在法学中的角色》，载《中研院法学期刊》第 17 期（2015 年 9 月）。

遵循现有的规则”。而“专业表述则宣称建立起可靠的因果关联”。[①] 在过去，法官借助法律规范给出理由，就可让当事人服从。但在现代社会，当事人对司法的要求越来越高，如果当事人提出质疑，或对法院不够信任，抑或当事人的智识足以挑战法官，这就要求法官给出更充分的理由，这种理由往往是因果关系意义上的。这也就迫使法律人在处理案件时，必须同时运用逻辑推理和社会科学的解释。

总的来说，司法实践中引入社会科学，可以从宏观社会结构、微观社会互动和微观个体三个视角加以理解。在宏观结构上，可以运用社会科学分析司法体制和司法改革；在微观社会互动上，可以在具体案件中通过证据或其他证明材料引入社会科学，让律师协助法官进行后果判断；在微观个体上，运用社会科学特别是认知科学认识法官心态，帮助法官作出最优的裁判策略。

① ［美］查尔斯·蒂利：《为什么?》，李钧鹏译，北京时代华文书局2014年版，第16、18页。

结　语　最高人民法院的职能定位

最高人民法院不仅影响各级法院的审判过程，也影响社会经济生活。最高人民法院不光具有法律专业性，也需要高度的政治意识。可以说，最高人民法院不仅是一个能够制定公共政策的上诉审法院，也是参与党领导司法改革的重要国家机构。

公共政策法院

最高人民法院已经是一个制定公共政策的法院。最高人民法院的影响不仅仅局限在各级法院的审判过程，而是已经溢出诉讼过程和法院系统，对社会经济生活产生越来越大的影响。

但目前最高人民法院主要是通过制定司法解释和其他司法文件来发挥影响。裁判的案件主要还是用来解决个案纠纷，具有创制新的裁判规则的案件还不多。由于成文化的司法解释与立法解释容易产生争议，因此，法院需要更多发挥其审判个案来统一法律适用的优势。立法重于抽象权利的归纳，司法则重于具体权利的配置。

在中国政治体制和制度约束环境下，具有制定公共政策功能的最高人民法院首先需要接受党的领导。对于重大事项，需要严格遵循党内程序，向党中央请示报告，贯彻落实中央的重大决策部署。同时，在国家权力体制中，尤其要审慎处理好与全国人大及其常委会之间的关系。相关意见和建议，前述已做说明。这里再补充一点，就是解释宪法的问题。

根据宪法规定，全国人大常委会具有宪法解释权和法律解释权。但法官在具体案件的裁判过程中，总会遇到鉴别、解释有关法律、文件的性质合法性和位阶关系的情况。这鉴别、解释的性质和方式属于合宪性解释的范畴。这是一种默示权力，是法官的思维判断，不能明示，属于裁判惯例。法官的合宪性解释并非宣布法律无效，只是不在审判中援引，因为只有全国人大及其常委会才有权宣布法律无效与否。因此，合宪性解释问题还需要最高人民法院配合全国人大常委会做很多工作，并把握好界限。

当然，最高人民法院也有自己的政策制定空间。司法重于具体权利的配置，并非完全对立法既有权利的确认。在很多情况下，法律规定的权利在运行中的适用边界往往是模糊的。在没有相关立法或立法难以提供有效支持的情况下，法官进行漏洞补充和法外续造就有更大的合理性，这些都是案件裁判过程中法律解释活动的正常延伸。[①] 因此，对于一些立法难以解决的新问题，最高人民法院通过法律拟制[②]或格式化等法律技术方式来解决社会现实问题是合适的。例如，商品房按揭作为一种融资购楼方式，最早是从香港地区传入内地并得到广泛推广，目

---

① 参见［德］卡尔·拉伦茨：《法学方法论》，陈爱娥译，商务印书馆2003年版。

② “这一个用语，是要用以表示掩盖，或目的在掩盖一条法律规定已经发生变化这一事实的任何假定。其时法律的文字并没有改变，但其运用则已发生了变化。”参见［英］梅因：《古代法》，沈景一译，商务印书馆1959年版。

前成为买受人购买商品房或者融资的主要方式。但中国内地法律一开始没有关于“按揭”的规定，作为一种民事纠纷，在其符合民事诉讼法规定的情况下，法院既不能不受理，法官也不能拒绝裁判此类案件。所以，《商品房解释》根据相关法律原则将商品房按揭贷款统称为商品房担保贷款。不过，需要再次强调的是，最高人民法院在个案裁判而不是成文化的司法解释中实现权利的重新配置，才更具有合法性，争议也更小。

与此同时，最高人民法院在制定政策过程中，也需要一定程度的自我克制和自我约束。通常认为，只要经济活动中出现了新的法律问题，法院就有必要积极回应。特别是在当事人主动提起诉讼的情况下，法院应积极回应以帮助市场法律机制的有效运行。中国提出了一种有别于美国司法能动主义的能动司法原则。① 但能动司法须以法院能力为限，否则法院介入社会经济生活会带来不可预测的后果。

简言之，最高人民法院要在国家治理现代化的过程中发挥更大制定公共政策的作用。作为公共政策法院，也意味着最高人民法院抓取信息、处理信息的能力必须加强。特别在全球化、大数据的时代，最高人民法院需要更迅速出台相关司法政策。而未来的改革趋势是让最高人民法院判决发挥更大的公共政策的作用。

上诉审法院

尽管最高人民法院已经成为公共政策法院，但却主要不是通过判决来发挥作用。这是因为在民商事审判中，大部分案件

---

① 参见顾培东：《能动司法若干问题研究》，载《中国法学》2010年第4期。

仍是以案件诉讼标的金额的多少为标准筛选出来，在刑事审判中，死刑复核案件又占相当多数。可以说，最高人民法院审理具有普遍法律适用意义的案件并不多。

但作为最高审判机关，最高人民法院又必须具有统一全国法律适用的功能。过去主要是通过行政管理特点的方式来替代：一是制定司法解释或其他规范性司法文件，要求全国各级法院遵守。二是选取下级法院的典型案例，特别是形成指导性案例要求全国各级法院参照。与此同时，除最高人民法院外下级法院不允许制定司法解释，至少不能在形式上使用司法解释的名称。这看起来似乎只有最高人民法院一家公共政策法院。

实际上，下级法院在辖区内已经具备了制定公共政策的能力。目前需要做的工作反而是通过改革调动最高人民法院和下级法院双方的积极性，而非要求下级法院对最高人民法院的简单服从。这就需要对最高人民法院和下级法院在职能上进行明晰分工。

最高人民法院与下级法院的职能分工，与中央和地方的财政分权密切相关。中国的司法权力是统一的，但这是指权力性质的统一，并不意味着司法权的事权和财权都由中央统一管理。地方司法权完全由中央支配的模式，在其他国家或地区特别是大国并不多见。中国虽然被认为是单一制国家，但在财税改革之后，实行分税制。中央财政与地方财政各自明晰权力。中央政府更注重宏观调控和收入再分配，其作用被定位为最有能力把地方政府实行稳定政策和再分配政策时产生的外在性内在化。

与此相联系，在财政分权的主导下，最高人民法院的功能在于协调各地法院适用法律的冲突，维护全国法律适用的统一。除此之外的事项，允许或默许下级法院制定相关政策，使其能对辖区内出现的司法问题迅速回应。一个新的变化是，现在在最高人民法院与下级法院之间设立了巡回法庭。巡回法庭会针对巡回区内的司法问题制定公共政策。这样，下级法院、巡回法庭和最高人民法院在各自职权范围内都可以制定公共政策。这也意味着新的全国法院格局的形成，从实现辖区的法律适用统一，到实现巡回区内的法律适用统一，最终实现全国法律适用的统一。

在一定意义上，财政分权要求最高人民法院放弃事实审查的权力。特别是在民商事审判中，全国各地经济发展差异较大，最高人民法院对案件的事实问题原则上应不予审查。目前，最高人民法院不区分法律审和事实审，无形中增加了法院案件负担，客观上也不信任下级法院对事实结论的判断。有必要改变现在既法律审又事实审的做法，建立以上诉审为中心的审级制度，最高人民法院只进行法律审。在区分法律审和事实审之后，最高人民法院行使上诉管辖权，主要是为了统一裁判尺度，实现法律统一。

最高人民法院需要建立机制将具有法律意义的案件筛选到最高人民法院。但建立上诉审选择案件机制，并不意味着所有具有法律意义的案件都应集中到最高人民法院。实际上，下级法院先行受理新型民商事案件的权力也应当被认可。特别是对首先发生在下级法院的如股票期货交易、证券回购、大额存单、股权转让、票据以及保险合同纠纷等案件，下级法院不必通过请示最高人民法院制定司法解释来解决。只有确实具有全国法律统一适用意义的案件，才需要通过审级制度到达最高人民法院。

理想的审级制度应该是：将基层人民法院改造为小额诉讼法院；将中级人民法院作为严格的第一审法院；高级人民法院作为第二审法院，进行法律审和事实审；最高人民法院作为第三审法院，主要进行法律审。

值得注意的是，《中共中央关于全面推进依法治国若干重大问题的决定》提出：“完善审级制度，一审重在解决事实认定和法律适用，二审重在解决事实法律争议，实现二审终审，再审重在解决依法纠错、维护裁判权威。”同时提出：“逐步实行人民陪审员不再审理法律适用问题，只参与审理事实认定问题。”而试点法院要求，法院制定事实清单，对于一些事实审和法律审区分不清的问题，先纳入事实审范畴，由人民陪审员发表意见并参与表决。50 家试点法院采用事实清单方式，共审理案件 3374 件。北京、河北、河南等地试点法院还制定了关于事实审与法律审分离的陪审操作规程。① 这些都代表了目前改革的最新方向。

简言之，最高人民法院只有成为真正的上诉审法院，才能成为真正的公共政策法院。在初审法院和上诉法院进行分工后，② 由于初审法院受狭隘的事实争议问题的局限，上诉阶段的判决比初审阶段的判决更可能有公共政策的性质。最高人民法院制定政策的过程，也是其重新配置权利的过程。法院在有限决策范围内应进行评估，借助包括经济学在内的社会科学对各种因素，如外在性、不确定性、公共产品和不完全的市场结构等进行整体考虑和后果考量。

① 周强：《最高人民法院关于人民陪审员制度改革试点情况的中期报告——2016 年 6 月 30 日在第十二届全国人民代表大会常务委员会第二十一次会议上》。

② “初审法院通过自己的制度逻辑表现出其制度意义。从某种意义上说，初审法院是最有趣也是最有创造力的一级法院。双方律师将在此展开论战，在这里我们还可以看到陪审团这个虽然有争议但是引人深思的公民参审制度。而这就是为什么一些地区法院法官会拒绝接受升迁到另外两个上级联邦法院的殊荣，而选择留任第一线的原因。”参见宋冰编：《读本：美国与德国的司法制度及司法程序》，中国政法大学出版社 1998 年版，第 105 页。

推动司法改革的法院

最高人民法院不仅是最高审判机关，也是法院系统最高行政管理机关，承担指导全国法院的司法改革的职能。最高人民法院自身职能的调整，不仅为司法改革做示范，同时也具有牵动效用，其职能调整会带动各级法院的职能改变。最高人民法院在司法改革中的作用，主要体现在以下三个方面①。

（一）配合中央有关部门的改革

与过往司法改革提法不同，中央明确提出司法权是中央事权。例如，金融、海关、检疫权就是中央事权。这里的中央主要不是（甚至可以说不是）指最高人民法院，而是指中共中央、全国人大甚至国务院。中共中央总管一切，其中人事编制由党的组织部门负责；全国人大及其常委会负责全国法院的组织设置；国务院负责全国法院的财政收支。在涉及法院人财物的改革过程中，最高人民法院扮演的更多是配合角色。

其中法官人事改革的部分，最高人民法院有较高参与度，但也是以配合中央有关部门为主，并交由各省统一实施推进。例如，法官员额制改革，确定39%的法院人员编制进法官员额，就是由中央政法委员会会同中央编制委员会决定的。并且，由各试点省级政法委员会协同，包括各省高级法院在内有关部门制订方案、共同推进。在其他人事改革方面，最高人民法院负责具体起草相关方案，并交由中央有关部门讨论批准。例如，制定法官助理和书记员职务序列改革试点方案、法官单独职务

---

① 更为翔实的说明，可以参见最高人民法院发布的一系列白皮书。例如，最高人民法院编：《中国法院的司法改革（2013—2018）》，人民法院出版社2019年版。

序列改革试点方案。

（二）指导下级法院的改革

指导下级法院主要是通过两种形式：一是通案指导，采取制定司法解释或其他司法文件的形式。二是个案指导，通过批复方式、审判监督程序或其他方式指导下级法院的工作。

在审判管理方面，主要是通案指导。例如，最高人民法院就改革审判委员会制度提出指导意见，发布关于完善人民法院司法责任制的意见，发布指导性案例，并就案例指导工作制定实施细则，等等。同时，最高人民法院会同中央有关部门，探索建立跨部门的地方涉案财物集中管理信息平台，完善涉案财物先行处置程序、审前返还程序。此外，最高人民法院取消对各高级法院的考核排名，指导各高级法院取消本地区法院不合理的考核指标。

对于个案指导，一度引起关注的主要是冤假错案。一方面，最高人民法院就健全防范刑事冤假错案工作机制提出指导意见，要求对于定罪证据不足的案件，应当依法宣告被告人无罪，不得降格（变通）作出“留有余地”的判决。另一方面，直接介入下级法院的重大刑事冤假错案的审理。介入方式主要由原省高级法院再审，如呼格吉勒图案等案件。或者是指定其他省级高级法院再审，如海南陈满案、聂树斌案。

最高人民法院既沿用旧有途径指导下级法院，如下发文件、召开会议，同时又进行法院信息化建设即智慧法院建设。这使得最高人民法院较之过去对于全国法院各种信息的获取更为容易。信息成本更低，让最高人民法院对下级法院的指导能力大大加强，对全国法院的动态变化的掌握更为迅速，提升了其对全国法院系统的宏观管理能力。例如，最高人民法院建成信息集控中心，具备即时收看全国四级法院庭审直播、彼此交流会商、数据集中管理等功能。最高人民法院搭建法院数据集中管理平台，每5分钟更新一次全国法院各类数据。此外，还开通中国审判流程信息公开网、中国裁判文书网、中国执行信息公开网、中国法院庭审直播网，等等。

（三）最高人民法院的内部改革

在基本不增编制的前提下，最高人民法院设立了巡回法庭、环境资源保护庭、国际商事法庭等，进行法院内设机构改革。同时，最高人民法院也推行法官员额制改革，研究制定法官逐级遴选的改革方案，率先从下级法院法官中公开遴选审判员。

总的来说，党的十八大以来的人民法院的司法改革中，虽然决策的最终决定权在中共中央，最高人民法院的角色仍然重要。在中央的支持下，最高人民法院与各方的协调能力大为增强，让司法改革的实际效果更加明显。同时，司法改革的目标也是更好发挥法院特别是最高人民法院的功能，让最高人民法院能更及时有效回应社会经济生活的需求。在这个意义上，最高人民法院也推动实现了国家治理体系和治理能力的现代化。

附　录　如何经验地研究中国司法

按语：这篇附录最早是根据笔者在第一届社科法学研习营（2013）上的讲稿整理而成。[①] 文章重在与同学们进行交流，因此，基本保留了当时的讲话口吻，收录时有个别调整。

一、先说几句题外话

20 世纪 80 年代初，费孝通先生为恢复重建社会学学科，延揽国内外师资，在南开大学举办了社会学专业班。目前社会学界不少知名学者均出自该班。今天在云南大学王启梁教授等人的努力之下，我们这些老师一起合作举办了第一期“社科法学”研习营。举办研习营的目的，就是激发诸位的学术兴趣，希望大概十多年以后，在座诸位中能够出现学术研究中的佼佼者。

对于法学界以外的同行来说，我得先解释一下社科法学的内涵。社科法学的英文对应词是 Law and Social Sciences，直译就

① 参见侯猛：《法院经验研究的回顾与体会》，载王启梁、张剑源主编：《法律的经验研究：方法与应用》（修订版），北京大学出版社 2017 年版，第 190—205 页。

是法律和社会科学，有时也称法律社会科学或法律的社会科学研究。社科法学就是简称，强调以法律现象为中心，主要运用包括社会学、人类学、经济学等多学科在内的社会科学方法进行因果关系解释。就每个学者而言，会有特定的知识偏好和专门的知识训练，但我们主张对其他方法也应秉持开放态度。例如，我本人主要做法律社会学研究，但在分析特定问题时，也不排斥运用其他方法进行更好的解释。

作为晚近十多年来社科法学研究的亲历者，我还是要再多说两句。我在博士毕业以后，先是去中国社会科学杂志社工作，得到前辈编辑的指点帮助。后来在北京大学朱苏力教授的提议下，《中国社会科学》编辑部和北大法学院一起合办了"法律和社会科学"第一次会议（2005）。我去北大社会学系做博士后以后，又与人类学者朱晓阳教授牵头，联合几家单位举办了"法学与人类学的对话"即"法律和社会科学"第二次会议（2006）。我也是在那时才与贺欣、王启梁、尤陈俊、陈柏峰、汪庆华等诸位教授认识。当时他们才刚刚出道，有的甚至还未出道。

一晃多年过去了，社科法学的研究慢慢形成了气候。有实力的研究者越来越多，而且还成为学术上的朋友，或朋友的朋友。这也就逐渐形成了初具规模的学术共同体，一个无形的学院。① 这个学术共同体有自己的学术刊物——《法律和社会科学》②，有自己的"法律和社会科学"年会。现在又有了社科法学研习营，同时还成立了"社科法学连线"。可以说，社科法学在学科制度上已经初具形态。这是好事，这样会吸引更优秀的学生加入。

---

① 参见侯猛：《社科法学的跨界格局与实证前景》，载《法学》2013 年第 4 期。

② 《法律和社会科学》在 2006 年创刊，2013 年年底入选 CSSCI 来源集刊。

二、已有法院研究的回顾

我的研究方向是法律社会学，并略为熟悉法律人类学和法律经济学。目前主要做法院研究、政法体制研究和法学的知识社会学研究。由于博士论文做的是法院研究，而且至今还在做，这里我主要和大家分享做法院研究的经验。

首先是受到前人法律社会学研究的影响。从当代中国法律社会学的发展历程来看，[①] 20 世纪 80 年代研究主要侧重于理论建构。从 90 年代初期开始，有了经验研究。当时夏勇、苏力、高鸿钧、张志铭、郑永流等学者都在做一些尝试。[②] 但 90 年代后期以后，这批学者中多数都不做经验研究了。这或许是因为他们当时还年轻，也是在寻找自己的兴趣点和比较优势，因此，研究转向其他领域并不奇怪。而当时仍然在坚持做经验研究的同辈学者中，典型的就是苏力。苏力的研究集中在基层司法，在他的影响下，强世功、赵晓力等人一度参与研究其中。[③] 但他们两位后来也转向其他领域了。苏力其实也是，他现在也可以说不做经验研究了。当时剩下的年轻一辈坚持做到今天的，就

① 参见刘思达：《中国法律社会学的历史与反思》，载《法律和社会科学》（第 7 卷），法律出版社 2010 年版；强世功：《中国法律社会学的困境与出路》，载《文化纵横》2013 年第 5 期。

② 这些尝试集中体现在夏勇主编的《走向权利的时代——中国公民权利发展研究》，中国政法大学出版社 1995 年版。

③ 参见苏力：《送法下乡——中国基层司法制度研究》，中国政法大学出版社 2000 年版；强世功：《“法律”是如何实践的——一起乡村民事调解案的分析》，载王铭铭、王斯福主编：《乡村社会的公正、秩序与权威》，中国政法大学出版社 1998 年版；赵晓力：《通过合同的治理——80 年代以来中国基层法院对农村承包合同的处理》，载《中国社会科学》2000 年第 2 期。

剩下贺欣了。[1] 我比贺欣晚几级，算是赶上了末班车。

可以说，从 20 世纪 90 年代后期到 21 世纪初期，中国法学的学术让人感觉是有一个小爆发的，而且主要集中在司法研究。苏力的《送法下乡》那本书刚出版，引起了比较热烈的学术讨论。我那时在读硕士，有兴趣但又深感没研究底子，下定决心考到北大。所以，现在做法院研究多少还是受到那时的影响。不过，我还是想拓展司法研究的边界，不想接着苏力的工作去做基层司法。这并不是说基层司法没什么好做的了。实际上贺欣还在做，而且更为细致深刻。我更想做一个新题目，所以读博士时去研究政法委员会，现在还在做这方面；后来做博士论文时，则选择去研究最高人民法院。

不过，有人还是会批评，为什么做法律社会学（法律社会科学）的都去研究司法了呢？我对这一批评持保留态度，首先，司法研究已经不再限于基层司法研究了，研究场域已经大大拓展。例如，贺欣研究法院财政、审判委员会、家事审判等；汪庆华研究行政诉讼，唐应茂研究法院执行，黄韬研究金融司法，等等。[2] 实际上，司法制度中还有很多问题没有研究。从这个意义上来说，还需要更多人加入司法研究中。

其次，法律社会学已经开始从司法拓展到执法、立法领域。张永和、王启梁和陈柏峰等人已经组建团队去做执法的社会科

---

① 贺欣现在为香港大学法律学院教授，主要用英文发表大量的中国司法的文章。部分文章已翻译成中文，如《运转不良的基层法院?》，载《法律和社会科学》（第 1 卷），法律出版社 2006 年版。

② 参见汪庆华：《政治中的司法：中国行政诉讼的法律社会学考察》，清华大学出版社 2011 年版；唐应茂：《法院窒息性为什么难——转型国家中的政府、市场与法院》，北京大学出版社 2009 年版；黄韬：《公共政策法院——中国金融法制变迁的司法维度》，法律出版社 2013 年版。

学研究。① 我自己也在涉足立法的社会科学研究。但不论是做司法、执法或立法研究，都需要与部门法相结合。这是过去研究的不足，我自己也在反省和改进。

三、如何发现和拓宽问题的边界

我博士论文的题目是《中国最高法院规制经济的功能》。这乍看起来是属于法律经济学，但整体上算法律社会学的路子。以法律社会学作为研究方向，也正是我在博士阶段才逐渐确立的。

在本科和硕士阶段，我接受的是正统法理学知识，关注概念、原则和大词，对前沿多元的法律理论的了解比较少。读博以后，每周参加老师组织的读书会，逐渐感觉自己原来的那套知识体系和价值观念开始崩塌。我逐渐确立了这样一种信念：在进行价值判断之前，首先要进行事实分析，挖掘事实背后的因果关系。因此，我会对既有的理论解释特别是权威学说始终保持一种怀疑主义的态度，认为理论需要在实践中加以验证。

这样一种从先验到经验观念的转变，直接影响到我的博士论文选题。不是在书本中、法条中找问题，而要在日常生活中找问题。但正所谓知易行难，具体选什么题目，其实也经历了一番周折。现在想来，选什么领域、什么题目，与自己的中期考核还是有关系的。

我的中期考核与很多人不一样。导师首先会要求我给他一

① 参见《城管综合执法状况研究》课题组：《西安市临潼区城管综合执法状况观察报告》，载《法学》2009 年第 6 期；陈柏峰：《城管执法冲突的社会情境——以〈城管来了〉为文本展开》，载《法学家》2013 年第 6 期；王启梁、陈柏峰执行主编：《法律和社会科学》（第 16 卷第 1 辑），“执法的社会科学”专号，法律出版社 2017 年版。

份我读的书的清单。这份清单也就是导师的出题范围，导师出了几道论述题，让我在48小时后交给他，不得延迟。回答那几道论述题其实相当于写了几篇小论文。最后我交上去的卷子字数有3万左右。由于我平时的阅读范围包括司法制度，因此，出的题目就有司法方面的。那次中期考核促使我在短时间内进行归纳提炼，既是思维训练，也是写作训练。同时，也促使我将博士论文选题集中在司法制度的经验研究。

但在司法制度的经验研究中，选择做什么题目，我一时也是没有头绪。当时在司法研究有两个热门话题：一是基层司法的经验研究，苏力已经做出了开创性的工作。二是最高人民法院的政治功能，包括合宪审查权的研究，宪法学界和诉讼法学界研究得比较多。我当时的考虑就是不跟风，所以这两个话题都不会去做。那我应该研究什么呢？

博士论文选题的确定，纯粹是一个偶然事件。我记得是博士二年级的某一天，在北大28楼门口的报亭，我看到一份名叫《财经时报》的报纸。这份报纸的头版刊登一则消息称：中国最高人民法院一份判决影响全国银行信贷资产2700亿。标题十分醒目，我浏览了一遍内容后，就感到很兴奋。因为这挑战了法律界对于中国法院判决性质的一般常识。

这个常识是什么呢？那就是通常认为中国为制定法传统的国家，所以法院即使是上诉审法院也不像英美法系的法院那样，实行遵循先例原则。所谓遵循先例就是上诉审法院的判决对以后判决具有约束力，需要被援引。而中国的法院判决从来只约束当事人，并没有普遍的法律适用效力。最高人民法院也不例外。但这次最高人民法院的判决怎么会有如此大影响，竟然影响整个银行业2700亿信贷资产。这究竟是媒体的夸大报道，还是确有其事？

带着这样的疑问，我决定去研究报道中提到的中福实业担保案。通过研究这一个案，我发现最高人民法院的判决和司法解释，其中很多会影响到社会经济生活。法院政策不仅影响诉讼过程，对没有进入诉讼过程的相关利益群体和产业也会有很大影响。这样，通过对这一个案的细致分析，就将问题一般化了。那就是最高人民法院对社会经济生活特别是对市场会有影响。最高人民法院对市场的影响，可以进一步提炼为“法院规制”这个概念。这样，我的博士论文题目最后就定为“中国最高法院规制经济的功能”。

但个案研究只能作为博士论文的一章，究竟如何扩展成一篇十多万字的博士论文，还需要更多的思考。这主要得益于与老师的多次讨论。老师给出了大致的思路建议，我再去具体探究是否可行，并寻找材料构思写作。最后形成了博士论文的基本结构：

第一章是最高人民法院规制的个案研究，引出最高人民法院影响市场的问题。第二章讨论历史变迁，即在计划经济时代，最高人民法院与经济是怎样的关系，从而与市场经济中最高人民法院的功能形成对比。第三章讨论最高人民法院规制经济的内部管理成本。例如，司法解释如何制定，受到哪些利益群体的影响，案件如何筛选，判决能不能发挥普遍的影响力。第四章讨论最高人民法院规制经济的外部协调成本，最高人民法院如何贯彻党中央的政策，最高人民法院如何与国务院、全国人大常委会进行协调。第五章是对法官进行微观分析，讨论当他们面对其不了解的案件类型，以及无法准确预测判决的经济后果时，究竟如何处理。第六章对最高人民法院进行功能定位，仍以法院规制市场为例，认为最高人民法院应当成为公共政策法院。

在写作过程中，我虽然运用了一些法律经济学术语，如成本、规制，但在整体上仍然属于法律社会学的研究路径。为什么这么说，主要是基于以下几点理由：一是强调对现象的观察，从观察中发现问题。二是关注政策制定的过程和实际效果。三是注重因果关系的解释。

因为受到老师的提醒，我也比较注意各章之间的关系。一方面，基于博士论文体系的完整性，各章之间要有一定的逻辑关系，另一方面，各章还应保持相对的独立性。各章保持相对独立性的好处，一是能够避免博士论文的结构看起来像教科书。有些博士论文不是从问题开始写起，而是先写定义、性质、分类等，这是非常失败的。二是便于将来再修改，独立成篇分别发表。对于将来有志于学术的同学来说，这样写博士论文是有益的。因为博士论文代表了你的学术水平，各章分别发表能让更多人读到你的文章，评价你的文章。这样就有助于你在学术界初步立足。

我就是这样实践的。毕业以后，我就着手修改博士论文各章，然后分别发表，而且是发表在法学重要书刊上。这包括《法学》《法商研究》《政法论坛》《中外法学》《北大法律评论》《清华法学》《法律适用》。① 此后，我仍然研究最高人民法院。例如，写了两篇关于最高人民法院大法官的论文，分别发

① 参见侯猛：《最高法院规制经济的功能——再评“中福实业公司担保案”》，载《法学》2004 年第 12 期；《最高人民法院如何规制经济——外部协调成本的考察》，载《法商研究》2004 年第 6 期；《经济体制变迁中的最高人民法院（1949—1978）》，载《政法论坛》2005 年第 2 期；《最高法院规制经济的实证研究——以法院内部管理费用为分析视角》，载《中外法学》2005 年第 2 期；《最高法院公共政策的运作：权力策略与信息选择》，载《北大法律评论》（第 7 卷第 1 辑），北京大学出版社 2006 年版；《最高人民法院的功能定位——以其规制经济的司法过程切入》，载《清华法学》（第七辑），清华大学出版社 2006 年版；《美国最高法院对经济的影响力：一个述评》，载《法律适用》2006 年第 2 期。

表在《法律科学》和《法学》上。[①] 2008年申报国家社会科学基金时，我又选择研究最高人民法院判决，写了论文发表在《北京大学学报》上。[②]

再后来我又去研究最高人民法院的信访问题，写了三篇涉诉信访的论文，其中一篇研究最高人民法院访民心态的论文发表在《中外法学》上。[③] 十年累积下来，我发表了十多篇有关最高人民法院的论文，而且现在还在做法院组织法和法官法的经验研究。

这说明博士论文对奠定个人的学术道路十分重要。因为进入学界后最初的研究起点往往是从博士论文开始，也是在博士论文的基础上延展出来的。由此也可以想到，要想在学界立得住、站得稳，首先得在某一个领域持续做下去。不能今天写这个题目，明天另起炉灶写别的。这在短期内可能是为了完成某个任务或项目，但长期来看，在学术上是没有长进的。当年老师就告诫我：你做的东西，应该是后来研究者不可绕过的。今天这个告诫仍未过时。

归纳来说，做研究特别是经验研究，要从一个点开始做起。先从不同角度研究这个点，再从这个点逐渐拓展出去。等做到一定程度，就会发现，你今天做的研究往往会与过去的研究、过去的思考有联系。所以，作为初学者需要积累，需要耐心，需要从小处入手，在细微处发现自己的快乐。

---

① 参见侯猛：《最高人民法院大法官的流动分析》，载《法律科学》2006年第2期；《最高法院大法官因何知名》，载《法学》2006年第4期。

② 参见侯猛：《最高人民法院判决的比较优势》，载《北京大学学报》2008年第6期。

③ 参见侯猛：《最高法院访民的心态与表达》，载《中外法学》2011年第3期。

四、研究方法的不断尝试

我在写博士论文期间，并没有进入过最高人民法院的大门，更不用说到里面做调查了。当然，我也没想到博士毕业后一直在做最高人民法院的相关研究。2015 年，我有机会成为最高人民法院首批法律研修学者，也算是实现了当年想进行内部人观察的心愿。那么，在当时我是如何解决没进入最高人民法院，但却能够比较有效地进行研究这一问题的呢？

一是培养问题的敏感力。我无意中发现中福实业担保案的影响力，就是发现了一个好问题。所谓无意，其实也是因为比较敏感，而这种感觉主要来自平时的观察和知识积累。二是做历史文献的整理分析。要想办法去找各种资料。至少在研究最高人民法院的历史时，可以不用进最高人民法院，去北大图书馆或是国家图书馆就足够了，那里的资料是很多的。三是做相关调查和访谈。因为我研究的是最高人民法院对社会经济生活的影响，所以就想办法去了解受到最高人民法院政策影响的企业和利益群体，并且对高级法院和基层法院的法官进行访谈。

为深入分析中福实业担保案的影响，我还找到了银行给最高人民法院的函件复印件。后来又去访谈处理银行不良贷款公司的朋友，获得了一些有用的资料。我还有同学在各级法院工作，所以我也向他们了解最高人民法院政策对下级法院的影响。这样，尽管我没有去过最高人民法院，但对那些受到最高人民法院影响的组织和个人进行了调查访谈。这样，博士论文还是写出来了。因为我主要关注法院政策对社会的影响，而不是法院政策如何制定，所以，这种角度的研究，在很难进入法院的情况下，也是可以做出东西的。

另外，虽然博士论文整体的研究进路是法律社会学，但由于题目的关键词是法院规制，因此，也有考虑运用法律经济学做一些分析。我主要是看了制度经济学的基础文献，特别是精读了科斯的几篇文章，如《企业的性质》和《社会成本问题》。① 不过当时也是研究不深，只初步掌握了交易成本的概念，然后分析法院制定政策的成本。此外，在分析法官的知识来源时，还运用了西蒙的有限理性的概念。从那时候起，我发现即使是做法律社会学，运用法律经济学的一些知识方法也是不冲突的。后来，我在对外经济贸易大学法学院任教期间，还为本科生第一次开设了法律经济学课程。

我在做博士后期间开始接触人类学。进站时，记得高丙中老师对我说，法学是大学科，但对人类学的引介和应用还比较少。希望我进来后，能够将人类学进一步引入到法学中。我当时主要是跟着朱晓阳老师，他是做法律人类学的。我与他合作进行研究。2006 年暑假，朱晓阳带着我和他的学生去云南做林权调查。这是一次感受强烈的田野实践。过去我也做过调查，但因为是法学背景，习惯了规范分析，所以感觉很难做到位。但那一次是和研究人类学的老师一起去，就学到了不少东西，例如，学习怎样进入，怎样去发现新问题，怎样处理调研材料。在对人类学这一套东西有所熟悉以后，我就开始在法院研究中尝试做田野调查。这集中体现在我的涉诉信访研究之中。

从 2009 年 1 月开始，我就经常去最高人民法院的信访室。先是在南二环，后来搬到南四环。不过我大部分时间都是与访民打交道，很少进信访室的大门。因为我没有自己的申诉材料，所以不能进去，更多是与门外的访民交谈。这也好，不是去做

---

① 参见［英］罗纳德·哈里·科斯:《企业、市场与法律》，盛洪、陈郁译校，格致出版社、上海三联书店、上海人民出版社 2009 年版。

规范研究，而是去研究他者（Others）、理解他者。了解他们为什么和我们不一样，从他们的境遇来反观现代法治的潜在问题。一直到现在，我去了很多次，每次都有新的发现和体会。这在人类学上称为回访（Revisit）。因为深入分析涉诉信访需要长期观察，所以，我现在还在做信访与再审关系的经验研究。

五、法律的经验研究的发展趋势

我做经验研究还是以定性方法为主，当然，也有一些研究是从数据分析中挖掘问题。[①] 这里再谈谈经验研究与实证研究、定性方法与定量方法的一些基本认识。

其实，经验研究与实证研究在英文里都是 Empirical Research。但严格区分地说，实证研究坚持科学主义的立场，需要假设验证、保持中立、主客两分，强调样本的代表性。由于在座同学特别是法科同学很少受到科学训练，不太会去做实证研究。但实证研究是总体趋势，所以还是建议大家多学一些定量的知识方法。

我自己的研究更偏好阐释。这实际上是追寻格尔茨的道路，不区分主客。我们去那个地方，我们参与观察，我们理解它，我们也会通过理解它来认识我们自己。

有同学可能会质疑，你是把看到的东西写出来，但写出来的不一定就是真相。这个问题可以这样来看，因为我们是写文，这个写包含研究者的理解，这是研究者与被研究者相互交流的过程。最后呈现出来的内容，如一项民俗，不一定就是完全真

---

① 参见侯猛：《判决书对民事司法解释的引证》，载《法律和社会科学》（第 2 卷），法律出版社 2008 年版；《CSSCI 法学期刊：谁更有知识影响力?》，载《北大法律评论》（第 10 卷第 2 辑），北京大学出版社 2009 年版。

实的，因为这不是拍纪录片，而是要进行重新书写。所以，经验研究可能需要往阐释的方向去做，就是沿着格尔茨的传统。

布洛维还提倡拓展个案研究法（Extended Case Study），[①] 朱晓阳也曾运用这一方法（又称延伸个案方法）去做小村研究。[②] 布洛维提出一个折中办法，他说，因为实证研究完全中立，要把对象客观化，要求样本的代表性，而阐释传统又强调主客不分，你很难看出哪个是你获得的真实信息，所以他提出“反思性科学”。所谓“反思性科学”，就是对于阐释研究的问题进行修正，因为阐释研究可能会受到外界影响。因此，他把阐释传统中的研究不足加以修正，这样才可以与实证研究相抗衡。

总之，在学术研究中，有两个不同的传统，一是阐释，二是实证。这两个研究传统都是要去解释一个事件、一个问题发生的前因后果。所以，对于做法律经验研究的人来说，我们关注的不仅仅是文本，更需要考察文本背后的因果关系。

一个好的研究，就是真正能够呈现因果关系的研究，怎样呈现这种因果关系，只运用传统的法律社会学是很难做到的。所以，需要将法律社会学拓展至法律和社会科学，即社科法学。这是运用社会科学或跨学科方法来分析法律问题。这就需要把人类学、经济学、政治科学、心理学甚至认知科学的传统有选择性地加以运用，将定性与定量相结合。运用多学科知识方法来解释因果关系，这是法学研究的大势所趋。

对于这个大时代而言，我们都是小人物，能够做的事情非常有限。但大家只要秉持着相同的学术兴趣和爱好一起努力，

---

① 参见［美］麦克·布洛维：《公共社会学》，沈原等译，社会科学文献出版社2007年版，“拓展个案法”。

② 参见朱晓阳：《延伸个案与乡村秩序》，载朱晓阳、侯猛编：《法律与人类学：中国读本》，北京大学出版社2008年版。

定能做出一番事业来。这就像人类学里经常提到的民族志研究方法。我们每个人都去做民族志，虽然一个人在特定时空只能做一个，但不同的人在不同的地方去做，累积起来，就可以在整体上呈现中国经验。我认为这是可能的，也是可以做到的。通过更多的人去做更多的民族志，把中国的经验呈现出来，在经验研究基础上，就能够做成“中国”的社会科学，而不是“在中国”的西方社会科学。

后　记

自 2004 年完成博士论文、2007 年出版专著以后，我对最高人民法院的研究兴趣并未减退。2015 年，作为最高人民法院首批法律研修学者，我得以进入法院内部观察，并且参加了法官法的修改研究工作。

2007 年以后的研究成果，足以单独再出一本专著。但我考虑从最高人民法院研究的整体性出发，并根据两位审读人的意见，选取新旧内容加以整合，最终形成了本书现在的结构。其中，第 1 章、第 2 章、第 7 章、第 8 章的基本内容和结语的部分内容来自原书。本书引言，第 3 章、第 4 章、第 5 章、第 6 章、第 9 章、第 10 章和附录都是后来新写的。

需要说明的是，本书的写作跨度超过 16 年，因此在成书过程中，我对明显具有时效性的内容进行了删改，特别是对照党的十八大以来各项法院的司法改革政策与实践效果加以补充，从而避免出现重大谬误。不过，个别实证数据是在特定年份做出来的，现在看来有些陈旧，如第 6 章的研究，但其中提出的问题和分析问题的角度并没有过时。因此，在收入本书时仍保持原貌。

2007 年以后的写作，收入本书的部分内容曾在《北大法律评论》《北京大学学报》《法律和社会科学》《法学》《学习与探索》《中国法学》发表。相关文章得到过国家社会科学基金项目、北京市社会科学基金项目和原工作单位北京大学的支持。浦仕通和赵先龙两位同学协助校对了书稿。还有很多师友在本书写作过程中给予帮助，在此一并表达我的谢意！

侯猛

2021 年 1 月 4 日于人大明德法学楼